思想政治工作与素质教育研究

孙兆延◎著

线装书局

图书在版编目（CIP）数据

思想政治工作与素质教育研究 / 孙兆延著. -- 北京：线装书局, 2023.7
ISBN 978-7-5120-5460-8

I.①思… II.①孙… III.①高等学校－思想政治教育－中国－文集 IV.①G641-53

中国国家版本馆CIP数据核字(2023)第083597号

思想政治工作与素质教育研究
SIXIANG ZHENGZHI GONGZUO YU SUZHI JIAOYU YANJIU

作　　者：	孙兆延
责任编辑：	白　晨
出版发行：	线装書局
地　　址：	北京市丰台区方庄日月天地大厦 B 座 17 层（100078）
电　　话：	010-58077126（发行部） 010-58076938（总编室）
网　　址：	www.zgxzsj.com
经　　销：	新华书店
印　　制：	三河市腾飞印务有限公司
开　　本：	787mm×1092mm　　1/16
印　　张：	9.5
字　　数：	225 千字
印　　次：	2024 年 7 月第 1 版第 1 次印刷

定　　价：68.00 元

前　言

随着我国教育进程的加快，高校教育在实施过程中应该注重学生素质教育，以此来对学生进行全面性培养，促进学生综合发展。高校教育教学过程中，有效开展思想政治教育具有重要价值，能够提高学生政治信仰，法制意识，公民素质以及社会经济，文化事业发展的认识，是素质教育最基本，最核心的内容。本书从分析思想政治教育与素质教育的关系入手，对两者进行了探讨。素质教育作为一种先进的教育思想和教育理念，不仅适用于科学文化教育，而且也适用于学生思想政治教育。素质教育与思想政治教育二者相辅相成，素质教育揭示人类自身教育的普遍规律的同时，更促进了教育对象思想政治教育素质的提高。利用素质教育的内在要求创新大学生思想政治教育，既是素质教育的本身需要，也是提高学生思想政治教育的客观要求。

本书的章节布局，共分为八章。第一章是思想政治工作概述，从思想政治工作的研究对象、研究思想政治工作的目的、思想政治工作的研究方法、思想政治工作的地位以及思想政治工作的作用分别进行简要阐述；第二章对思想政治工作的内涵做了相对详尽的介绍，介绍了思想政治工作的目的、思想政治工作的任务、思想政治教育的基本内容；第三章是思想政治工作途径和科学方法，介绍了思想政治工作的主要途径和思想政治工作的科学方法；第四章主要介绍了大学生素质教育的概念；第五章是素质教育的目标，对确立素质教育目标的依据、素质教育目标的具体内容进行分析；第六章是素质教育实施的途径，本章主要对实施素质教育的教学途径、学校课外活动以及社会实践教育进行简要阐述；第七章是思想政治工作视域下的素质教育，本章将对素质教育与思想政治教育的关联和大学生政治素质教育相关知识进行简要阐述，培养社会主义建设者和接班人；第八章是素质教育与思想政治工作的融合发展，本章主要阐述思想政治教育是素质教育的灵魂和素质教育的开展可增强思想工作的力度。

本书在撰写过程中，参考、借鉴了大量著作与部分学者的理论研究成果，在此一一表示感谢。由于作者精力有限，加之行文仓促，书中难免存在疏漏与不足之处，望各位专家学者与广大读者批评指正，以使本书更加完善。

内容简介

高校肩负着培育学生的责任，肩负着祖国未来的责任，可见高校教育的重要性。高校思想政治教育在高校素质教育中处于核心和主导地位，它引导着高校素质教育的发展方向，高校思想政治教育和素质教育相辅相成统一于高校的教育当中。本书从素质教育、思想政治教育所研究的内容出发，得出思想政治工作是素质教育的灵魂，而有效实施素质教育是做好思想政治工作的根本点。大学生综合素质的提高是思想政治工作的出发点也是其归宿；思想政治工作贯穿在素质教育整个过程的始终。它们相辅相承、相互制约、相互促进。

编委会

靳芳卉　周欣园　焦苗苗
孙延长　田　庆　冷　娟
胡　鑫　徐　莺　李玉明
魏佳赟　刘纪兰　者丽艳
蒋丽琴　冯　梅　谢成东
乔志奇　张泽林　肖　丽
林佳树　李　雁

目 录

第一章　思想政治工作概述 …………………………………………（1）
　　第一节　思想政治工作的研究对象 ………………………………（1）
　　第二节　思想政治工作的研究目的 ………………………………（7）
　　第三节　思想政治工作的研究方法 ………………………………（10）
　　第四节　思想政治工作的地位 ……………………………………（13）
　　第五节　思想政治工作的作用 ……………………………………（15）

第二章　思想政治工作的内涵 ………………………………………（23）
　　第一节　思想政治工作的目的 ……………………………………（23）
　　第二节　思想政治工作的任务 ……………………………………（27）
　　第三节　思想政治工作的基本内容 ………………………………（35）

第三章　思想政治工作的途径和方法 ………………………………（43）
　　第一节　思想政治工作的主要途径 ………………………………（43）
　　第二节　思想政治工作的科学方法 ………………………………（48）

第四章　大学生素质教育的概念 ……………………………………（57）
　　第一节　素质教育的含义 …………………………………………（57）
　　第二节　素质教育的特征 …………………………………………（59）
　　第三节　素质教育的四个关系 ……………………………………（62）

第五章　素质教育的目标 ……………………………………………（65）
　　第一节　素质教育目标的确立依据 ………………………………（65）
　　第二节　素质教育目标的具体内容 ………………………………（68）

第六章　素质教育实施的途径 ………………………………………（85）
　　第一节　实施素质教育的教学途径 ………………………………（85）
　　第二节　学校课外活动 ……………………………………………（95）
　　第三节　社会实践教育 ……………………………………………（99）

第七章　思想政治工作视域下的素质教育 …………………………（104）
　　第一节　素质教育与思想政治教育的关联 ………………………（104）
　　第二节　大学生政治素质教育 ……………………………………（109）

第八章　素质教育与思想政治工作的融合发展 …………………（119）
　　第一节　思想政治教育是素质教育的灵魂 ……………………（119）
　　第二节　素质教育的开展可增强思想政治工作的力度 ………（131）
参考文献 ………………………………………………………………（143）

第一章　思想政治工作概述

第一节　思想政治工作的研究对象

一、思想政治工作是一门学科的论断

中国共产党自成立以来，就非常重视思想政治工作，并把它作为整个革命事业不可分割的一部分，当成一切工作的"生命线"，把它作为顺利完成各项任务的精神保证。中国共产党经过几十年思想政治工作的实践，不仅培养和造就了一大批优秀的思想政治工作的领导人物，建立了一支庞大的思想政治工作队伍，而且还创造和积累了极为丰富的思想政治工作经验，撰写了大量的思想政治工作论著和文章，形成了科学的理论体系，使思想政治工作在革命和建设中发挥了很大的作用。

思想政治工作之所以能发挥巨大的作用，其根本原因就是中国共产党人能正确认识思想政治工作的规律，善于用理论去指导实践。那种认为思想政治工作仅仅是"工作"，只有经验、没有理论的看法是完全站不住脚的。当然，对思想政治工作规律的认识和运用，并不是一开始就处于自觉状态的，而是要经过一个在实践中逐渐探索和认识的动态过程。我们党在经历了多年实践探索后的今天，对思想政治工作规律的认识和运用已经达到了相当自觉的程度。并把对思想政治工作规律的这种深刻认识进行科学的抽象概括，使之理论化、系统化，就形成了一门崭新的科学。

思想政治工作作为一门学科又是同思想政治工作的实践紧密相连的，思想政治工作的成功或失败，又客观地体现了这门学科的理论、方针、原则和方法。因此，我们完全应该也有可能在占有大量的思想政治工作材料的基础上，进行科学

的分析，不断地揭示出思想政治工作的本质和规律，促进这一学科的成熟和发展。

思想政治工作是一门学科这个论断，是党的十一届三中全会以后，在社会主义现代化建设的过程中明确提出来的。虽然马克思、恩格斯、列宁、斯大林和毛泽东同志没有明确提出这一概念，但他们提出的一些重要思想却为思想政治工作这门学科奠定了理论基础。当然，马克思、恩格斯早就提出了"思维科学"和"思想科学"这个概念，并对人们思想和行为的活动规律作了初步的论述和概括，尤其是还创立了马克思主义"关于需要的理论"。列宁在提出"思想政治工作"这一概念时，又明确提出了思想政治工作是一门学科和艺术的思想，并要求布尔什维克党研究政治教育学。毛泽东同志在井冈山时期，就提出党员思想和党内生活政治化、科学化的问题。抗战时期，他又明确提出：我们政治工作经验之丰富、新创造之多而且好，在全世界是数一数二的，缺点在于综合性、系统性不足。这就要求我们要重视思想政治工作科学化。党的十一届三中全会以后，我们党的广大理论工作者根据革命导师的这些思想，总结了几十年来党的思想政治工作的实践经验，又把这一问题重新出来。在1980年全军政治工作会议上首先提出思想政治工作是一门学科的概念，并在报刊和学术会议上进行讨论。党的十一届六中全会通过的《关于建国以来党的若干历史问题的决议》，明确地把思想政治工作列为毛泽东思想科学体系的重要组成部分，这实际上就是肯定了思想政治工作是一门学科的论断。但当时在理论界和政工干部中对这个问题的认识不大统一，有时还有争论。1982年11月，中共中央组织部和中共中央宣传部联合召开全国党员教育工作会议。会上，当时的中共中央书记处书记宋任穷同志作了报告。在他的报告中，充分肯定了思想政治工作是一门学科的论断，他说：要逐步形成一种观念，思想政治工作，党员教育工作，这是一门学科，是一门治党治国的科学，在这个岗位上的几百万干部要努力钻研这个专业，造就大批思想政治工作专家，去完成新时期赋予我们的任务。1987年，中共中央在《关于改进和加强高等学校思想政治工作的决定》中，明确指出要把思想政治教育工作当作一门学科，并提出要为高校的政工干部评定职称。党的十三届四中全会后，以江泽民同志为核心的党中央，不仅在中央文件中多次肯定思想政治工作是一门学科，而且决定给企业政工干部评定专业职称。现在，这一论断已被广大理论工作者和政工干部共同认可。

二、思想政治工作和政治工作

要研究思想政治工作的理论和实践，首先就应该弄清楚思想政治工作这个概念问题。思想政治工作概念，大体可以从以下三个方面来理解。

1. 思想政治工作概念中的"思想"的含义

思想政治工作概念中的"思想"和我们平常所说的"思想"概念是不同的，

思想政治工作概念中的"思想"的含义具有更为广泛的内容。

在辩证唯物主义的认识论中，思想这个概念是作为人们思维的结果来定义的。思想亦称观念，是指理性认识，相对于感性认识而言的。人们通过社会实践认识客观事物，开始是感性认识，"这种感性认识的材料积累多了，就会产生一个飞跃，变成理性认识，这就是思想"。理性认识是客观事物的本质和运动规律在人脑中的反映，是人们认识世界的根本任务，因此理性认识对社会实践具有重大的指导意义。思想政治工作这门学科非常重视理性认识的作用，认为必须通过有说服力、有战斗力、有吸引力的思想政治工作去解决人们的理性认识是否正确的问题。但是应当看到，思想政治工作不仅仅局限于解决人们的理性认识问题，因为影响人们积极性、影响人们行为的，不只是理性认识一个因素，几乎涉及精神生活的所有方面。所以，思想政治工作概念中的"思想"的含义应当具有更为广泛的内容。

在思想政治工作中，思想这个概念的内涵是相对制约人们行为的各种精神因素来规定，它指的是人们的政治思想、政治理论观点、哲学观点、社会道德观，以及激发行为的动机、愿望和行为活动中表现出来的情绪、情感、意志一类的精神因素的总和。从这个规定出发，思想政治工作的一个重要任务，就是使人们树立崇高的革命理想，掌握革命的理论观点和科学的思想方法、工作方法，激发起饱满的革命热情和积极性，形成高尚的道德品质，具有顽强的革命意志，保持其旺盛的革命精力和奋发向上的精神状态。总的来说，就是要使人们有一个适应革命事业需要的主观世界。

2. 思想政治工作概念中的"政治"含义

思想政治工作概念中的"政治"和政治学中的政治范畴有着密切的联系，具有广泛的一致性，同时又有一定的区别。

思想政治工作概念中的"政治"，相对思想政治工作的任务而言，是指人们观察问题和处理问题的政治立场及人们在言论和行动中所坚持的政治方向。

所谓立场，就是指人们观察问题和处理问题的立足点和出发点，而政治立场则是人们立足于一定阶级，反映这一阶级的根本利益和要求而持的根本态度。对于一个共产党员、一个革命者、一个爱国者来说，就是要站在党的立场上，站在工人阶级和全体人民的立场上，从爱党、爱人民、爱祖国的根本态度出发，自觉地维护我们党、广大人民群众和伟大的社会主义祖国的根本利益，同一切危害这些根本利益的言论、行为作斗争。

所谓政治方向，就是指人们的言论、行为所遵循的基本政治原则、前进的道路和所要达到的目标。作为一个共产党员、一个革命者和一个爱国者，就是要坚持马克思列宁主义、毛泽东思想、邓小平理论和"三个代表"科学发展观和中国特色社会主义思想等重要思想所指明的方向，坚持为人民服务的方向，坚持社会主义和共产主义的方向，自觉克服一切资产阶级思想、封建地主阶级残余思想和小资产阶级思想的影响，纠正一切离开正确的政治方向的言论和行为。

政治立场和政治方向是一致的。鲜明、正确的政治立场是坚定、正确的政治方向的基础；坚定、正确的政治方向又有助于人们站稳坚定的政治立场。

在实际的生活中，人们总是有一个政治立场和政治方向的问题。在阶级社会里，人们的政治立场和政治方向要受到阶级关系的制约，每个人都在一定的阶级地位中生活。在社会主义制度建立以后，虽然剥削阶级作为一个阶级已经消灭了，但是阶级斗争还将在一定的范围内长期存在，各种剥削阶级的思想影响还存在，外国资产阶级的腐朽思想和生活方式也会通过各种渠道渗透到国内来，而且社会主义现代化建设也必然伴随着复杂的思想斗争和政治斗争。因此，每个人仍然面临着一个站稳立场和坚持正确的政治方向的重大原则问题。政治立场和政治方向不同，人们的言论、行为及其社会效果也就不同。如果丧失正确的革命立场，背离了正确的政治方向，那就不可能成为自觉参加社会主义现代化建设的革命者，而相反成为极端自私自利的个人主义者，成为无所作为的平庸之辈，甚至走上政治错误的道路。正因为如此，思想政治工作学认为，必须通过有战斗力、有说服力、有吸引力的思想政治工作，通过个人实践中的思想改造，使人们坚定站稳正确的政治立场，坚持正确的政治方向，从而在革命的政治斗争中，自觉地为实现党的政治任务而奋斗、献身。

3. 政治工作概念的含义

要正确理解政治工作概念的含义，主要应该弄清楚什么是政治工作、什么是无产阶级政党的政治工作、无产阶级政党的政治工作与思想政治工作的关系等问题。

什么是政治工作？所谓政治工作，就是指一定阶级、政党或社会集团，为了实现自己的政治任务，达到一定的政治目标所进行的宣传、动员和组织工作。政治工作的对象是人，政治工作的任务是根据一定的原则、方式和方法组织人们开展政治斗争。

无产阶级政党的政治工作，是党为了贯彻自己的政治路线，完成一定的政治任务，达到一定的政治目标，主要在广大的党员和人民群众中进行的宣传、教育、动员和组织工作。比如，宣传部门的工作、组织部门的工作、纪律检查部门的工作、统一战线部门的工作等都是政治工作。

党的政治工作具有广泛的领域和丰富的内容。

首先，从政治工作的领域上看，主要有：①党内的政治工作。因为党是社会主义事业的领导核心，所以党内的政治工作是全部政治工作的支柱。②人民群众中的政治工作。社会主义事业是千百万群众的事业，没有广大人民群众的参加，任何事情都是不能成功的，所以，人民群众中的政治工作是党的全部工作的基础。③军队中的政治工作。军队是执行革命的政治任务的武装集团，是人民民主专政的柱石，所以军队中的政治工作是党的整个政治工作的重要组成部分。

另外，在党的政治工作中还包括对敌人的政治工作，也就是瓦解敌人阵营，争取敌人内部可以转化的势力的工作。

其次，从政治工作的内容上看，主要有：进行宣传、教育和思想发动方面的工作，就是用党的指导思想，即马克思列宁主义、毛泽东思想、邓小平理论、"三个代表"重要思想和党的正确路线、方针、政策去武装广大党员和群众；实行党对各种组织和各种工作的领导；正确处理各个民主党派、各种社会力量之间的关系；制定和贯彻执行党的路线、方针和政策；维护人民军队的团结统一，加强人民军队的革命化、现代化建设，不断提高人民军队的战斗力；建立党政、党群、党军，以及军民、军政和党内、军内、人民内部的团结统一的关系；做好组织工作和干部工作，不断建设适应革命和发展需要的干部队伍；建立国家范围内的以工人阶级为领导的、以工农联盟为基础的爱国统一战线和国际范围内的反帝、反殖、反霸的统一战线；监督和保证各项生产、工作、训练任务的完成，以及其他必要的政治工作。

由党的政治工作的主要内容所决定，在长期的政治工作的实践中，逐步形成了党的政治工作的一些专门部门，如宣传部、组织部、纪委、统战部等。

弄清了党的政治工作的对象和内容，思想政治工作和政治工作的关系也就比较容易理解了。由于思想性方面的工作是大量的、经常的、群众性的工作，因而在通常情况下，一般认为政治工作就是思想政治工作，但从思想政治工作学的角度看，从严格的意义上讲，思想政治工作还不能完全等同于政治工作，思想政治工作与其他政治工作既有联系，又有区别。这种联系主要就是工作的对象一致、根本目的一致，都是服务于党的政治路线和政治任务的，而它们之间的区别则是在于具体的工作任务、内容和方法上各有不同。

那么，究竟什么是思想政治工作呢？通过对思想政治工作概念的分析，我们可以看出，所谓思想政治工作，就是党在改造客观世界的实践中，以马克思列宁主义、毛泽东思想、邓小平理论、"三个代表"等重要思想和正确的路线、方针、政策为基本思想武器，以解决人们的思想、观点、立场问题，并从根本上提高认识世界、改造世界的能力为任务，以正确认识国家、集体、个人三者的利益所在和正确处理三者利益的关系为最终目的，对广大党员、干部、群众进行启发、诱导和说服教育，从而正确地发挥人的主观能动性，激发革命和建设的积极性，为完成党的任务，实现工人阶级以及全体人民的整体利益而努力奋斗。

三、思想政治工作的研究对象

每一门学科都有其特定的研究领域，具有不同于其他科学的研究对象。思想政治工作作为一门专门的学科，也有自己特殊的研究对象。

党的思想政治工作，是做人的工作、做群众的工作。也就是说，它的研究对象是人，是人的思想、观点、立场，是一门以人作为研究对象的科学，它有自身的研究体系、研究对象和研究范围。从大的范围来讲，思想政治工作这门学科是研究人的。但研究人的科学很多，如医学、人类学、生理学、心理学、教育学、行为学等。思想政治工作这门学科不是研究人的一切方面和一切领域，而是研究人的某一特殊领域。如果说医学是研究人的生命过程和同疾病斗争的规律，生理学是研究人体各种生理功能活动变化的规律，心理学是研究人的心理过程和变化规律，教育学是研究对人进行一般教育，尤其是文化教育的规律，那么，思想政治工作学则是研究人们思想和行为的活动变化规律及共产党对群众进行思想政治工作的规律。由此可以看出，思想政治工作这门学科有自己特定的研究对象和研究领域，它同生理学、心理学、教育学、行为学等的研究对象和领域，既有密切的联系，又有根本的区别。它是一门相对独立的具有交叉特点的综合性科学，是其他任何学科都不能替代的。思想政治工作的研究对象概括起来讲，就是思想政治工作作为一门学科，以人作为自己的研究对象，它不是研究人的一切领域，而是把人的思想政治状况和活动规律，以及党对干部群众进行思想政治教育的规律作为自己的研究对象。

人是千差万别的，然而，人的思想活动又是有规律的。在人民内部，人有先进、中间、后进之分。在人民群众之外，还有些与人民群众相敌对的分子。对于敌对分子，也需要进行思想政治工作。今天，剥削阶级作为一个阶级已经消灭，但是阶级斗争并没有消灭，还将长时期地在一定范围内存在，有时甚至还会激化，因此，对敌对分子的思想政治工作也需要长期坚持下去，通过思想政治工作来分化他们和瓦解他们，改造他们，我们共产党人是有这个能力的，我们丝毫不隐瞒自己的观点。不过这样的思想政治工作，是一种特殊的思想政治工作。这种思想政治工作的对象范围，需要进行特殊的研究。在我们通常的思想政治工作的对象范围里，不包括这种特殊的对象。我们所研究的对象，是广大干部和群众的思想政治状况及其形成变化的规律，其重点是研究党对干部、群众进行思想政治教育的规律。根据这个对象范围，思想政治工作形成了自身的一套比较完备的体系和理论原则。这就是：关于人的思想形成的特点及规律；关于思想政治工作的本质、特点；思想政治工作的目的、任务；思想政治工作的地位、作用；思想政治工作的内容，思想政治工作的方针原则、方式、方法；思想政治工作的理论基础、队伍建设及党的思想政治工作的优良传统等。

第二节　思想政治工作的研究目的

研究思想政治工作是为了系统地掌握思想政治工作的基本理论，充分认识思想政治工作的地位和作用，根据思想政治工作所揭示的规律、基本方针、原则和方法，广泛开展思想政治工作，进一步实现思想政治工作的科学化，推动社会主义精神文明和物质文明建设的发展，为社会主义现代化建设服务。

一、继承优良传统，建立思想政治工作的完整体系

中国共产党在建立初期，没有明确提出"思想政治工作"这个概念，但是，从建党一开始就从事工人运动、农民运动和学生运动，这本身就是一种实践性的思想政治工作。如果没有强有力的思想政治工作，群众就发动不起来，更谈不上革命运动了。第一次国内革命战争时期，中国共产党在国民革命军中建立了政治工作制度，开展了反对封建军阀的革命精神教育。自从"八一"南昌起义，向国民党反动派打响了第一枪，建立了中国共产党独立领导的革命军队以后，革命的政治工作就在我军广泛地开展起来。党在军队中的政治工作保证了我军的建军方向，保证了军队的性质，保证了战斗力的提高，保证完成了党在各个历史时期交给的各项任务。在整个民主革命时期，党向工人、农民、知识分子宣传了进行民主革命、武装夺取政权、解放全中国的思想，积极传播马克思列宁主义理论，发动工人、农民、学生运动，建立地方武装和革命根据地，鼓励群众支持和参加土地革命战争、抗日战争和解放战争。当时的思想政治工作非常生动活泼、丰富实在，效果特别显著。中华人民共和国建立后，党又在群众中开展反对封建主义思想的教育和社会主义改造教育，发动群众走社会主义道路，加速了社会主义革命和建设的发展。由于党在革命和建设事业的实践中看到了思想政治工作的巨大威力，因此极为重视思想政治工作，并对思想政治工作在革命和建设中的地位和作用作了科学的评价和高度的概括。早在1934年2月，周恩来、王稼祥、朱德等同志在中国工农红军第一次全国军政工作会议上，就指出"政治工作是红军的生命线"。1955年，毛泽东同志又指出"政治工作是一切经济工作的生命线"。党的十一届三中全会后，邓小平同志针对一些地方有时放松了思想政治工作的倾向，特别强调"我们一定要把思想政治工作放在非常重要的地位，切实认真做好，不能放松。这项工作，各级党委要做，各级领导干部要做，每个党员都要做"。《关于建国以来党的若干历史问题的决议》再次肯定了"思想政治工作是经济工作和其他一切工作的生命线"的重要论断。

中国共产党不仅有丰富的思想政治工作实践经验，而且作了卓有成效的理论总结，在这方面，毛泽东同志的建树最为突出。他坚持把马克思主义普遍真理同中国革命的具体实践相结合，提出和总结了一整套思想政治工作的原则、方针和方法。除毛泽东同志外，其他老一辈无产阶级革命家对思想政治工作的理论也都作出了积极的贡献。总的来说，我们党已经总结出了思想政治工作的一整套理论、原则、方针和方法。这些宝贵的精神财富，我们必须认真学习和研究，在实践中继承和进一步发扬光大。

但是，与丰富的实践相比，目前思想政治工作的理论总结、概括和升华，总的看还显得比较薄弱，思想政治工作的理论化、系统化、科学化至今还是很不够的。这些年来，全党同志虽然提出了很多新的理论、观点，不断地充实和发展了思想政治工作的理论，但仍然没有从根本上改变理论概括不够的状况。思想政治工作这一学科的体系还不完善，很多重大的理论问题还需要进一步统一认识，这种状况表明，思想政治工作正处在取得重大理论突破的前夕。

所以，思想政治工作研究，首先就是为了取得理论突破，在继承优良传统的基础上，将实践经验抽象系统化，也就是把实践的经验上升为理论，把零散的理论综合成系统的理论，把具体的理论变为抽象的总体理论，通过完善思想政治工作的理论体系，真正建立起马克思主义思想政治工作学科。

二、提高理论素质，指导工作实践

中华人民共和国成立以来，我国在实践中培养和锻炼了一大批优秀的专职政工人员。专职思想政治工作人员是我们党的一支骨干力量，在各条战线上发挥了重要的作用。他们的工作和其他工作一样，应当受到人们的尊重。同时，也要看到，由于各种原因，思想政治工作队伍的建设，同整个社会主义建设事业不相适应。要按照革命化、专业化、正规化的要求，进一步建设好这支队伍，使思想政治工作人员在思想政治工作规律和其他有关知识的掌握上，都有一种不断前进、很明确的目标和要求，使这支队伍的专业素质不断提高。

思想政治工作是思想政治工作专职人员必须研究和掌握的理论，是做好思想政治工作的理论武器。因此，只有掌握了思想政治工作的理论，才能胜任党交给的思想政治工作任务。可是，从现实情况看，还有相当一部分思想政治工作人员不重视思想政治工作的理论。要提高思想政治工作人员的理论素质，就要端正对思想政治工作理论的认识，切实纠正几种不正确的态度。

第一种态度，是轻视思想政治工作理论，缺乏学习和研究的紧迫感、自觉性。抱这种态度的人认为：思想政治工作是一项实践工作，只要干就行了，何必学习理论？学理论是纸上谈兵，学不学没多大关系。有些人甚至认为，我做了这么多年的思想政治工作，也没有学过什么思想政治工作理论，还不是照样干！而且还干得不错！因而不能自觉地学习思想政治工作理论，把学习理论当成额外的负担。这种态度，违背了理论与实践的辩证关系，既否定了理论对实践的指导作用，也否定了思想政治工作是一项必须在正确理论指导下才能做好的工作。这种态度是和马克思列宁主义、毛泽东思想、邓小平理论、"三个代表"中国特色社会主义等重要思想的基本原理和思想政治工作实际相背离的。

第二种态度，是把思想政治工作理论神秘化，缺乏学习和探索这一理论的精神。抱这种态度的人认为：思想政治工作的理论复杂多变，神秘莫测，高不可攀。要我干点实际工作还可以，出点力气都没问题，但要我去学习和研究理论就困难了。甚至认为研究了那么多年，很多问题还不是照样没有搞清楚。要研究也是领导机关和层次高一点的人的事情。这种态度，看不到再高深的理论也是来自实践、来自群众。思想政治工作是一项实践性、群众性很强的工作，因而它的理论更需要依靠实践、依赖群众。

第三种态度，是关起门来学习和研究，缺乏理论联系实际的优良学风。抱这种态度的人认为：理论研究既然是高级的思维活动，那么，只要搞清一些基本概念，掌握一定的逻辑知识，进行一番判断、推理就行了，不必花力气到实践中去、到群众中去。这种态度否定了理论的实践基础和群众基础，是一种脱离社会实践的思想方法。这就当然学不好，更不可能研究出真正的理论来。

三、普及思想政治工作的理论知识

中国共产党是无产阶级政党，它的思想政治工作的服务方向是广大人民群众，是社会主义现代化建设事业。因而不仅党的各级组织和领导干部、党的思想政治工作干部，要自觉地担负起做好思想政治工作的责任，而且要广泛发动群众，人人都做思想政治工作。人人都要学习掌握思想政治工作理论知识。

思想政治工作的研究过程，不仅是自身理论不断发展和完善的过程，而且是向群众宣传普及思想政治工作知识的过程。所以，在群众性的思想政治工作的研究过程中，使群众必须能够学习和掌握思想政治工作知识，尤其是目前思想政治工作这门学科还不很成熟的情况下，更需要发动群众来研究，而且从我国大多数群众的情况看，也基本上具备了学习和研究的必要条件，如思想觉悟条件、实践经验条件和文化条件等。另外，向群众普及思想政治工作知识，必须树立三个观念：一是树立群众既是思想政治工作的客体，又是思想政治工作的主体的观念；二是树立平等、民主的观念；三是树立思想政治工作理论必须接受群众实践检验的观念。

第三节　思想政治工作的研究方法

正确的方法是达到科学研究目的的手段。思想政治工作同其他学科一样，不仅要正确地规定研究对象，明确研究目的，而且还要有科学的研究方法。思想政治工作的研究方法主要有以下四种。

一、阶级分析的方法

社会科学类的研究方法很多，但首要的、基本的方法是阶级分析的方法，思想政治工作这门学科当然也不例外。在有阶级存在的社会里，不管是哪一门社会科学，也不管它有多少学派、有多少观点，归根到底都是反映一定阶级的利益和要求，是为一定的阶级服务的。思想政治工作这一学科要在复杂的社会关系、社会矛盾和社会思想中，透过现象抓住本质，揭示思想政治工作的规律，就必须坚持阶级分析的方法，否则就会使思想政治工作这一学科的研究走偏方向。

用阶级分析的方法研究思想政治工作这一学科，应主要从四个方面入手。

第一，坚持用马克思列宁主义、毛泽东思想、邓小平理论和"三个代表"中国特色社会主义等重要思想来指导这一科学的研究，划清马克思主义思想政治工作和有关资产阶级社会科学的界限，保持研究的正确方向，一定要在马克思列宁主义、毛泽东思想、邓小平理论和"三个代表"中国特色社会主义等重要思想的指导下去借鉴、改造某些资产阶级社会科学中的合理部分，而不能生搬硬套资产阶级社会科学的概念和观点。

第二，坚持用阶级分析的方法分析各种思想的阶级属性。在社会主义社会中，剥削阶级的残余还存在，剥削阶级的思想还会长期存在。在世界范围内还存在一个完整的资产阶级，他们的意识形态必然还会通过各种途径渗透到社会主义社会中来。在这种环境和形态中研究思想政治工作这一学科，就不得不考虑到各种思想的阶级属性，只有这样才能深刻地认识各种社会思想本质。

第三，坚持用阶级分析的方法分析人们思想变化中的阶级影响。存在决定意识，在有阶级的社会中，阶级的存在是最基本的存在。因此，在影响人们思想的因素中，最重要的方面就是人们所处的阶级和地位。在社会主义时期，工人阶级、农民阶级等非对抗阶级之间也存在着某些利益的差别，所以，他们的思想也不相同，而且还会受到来自其他阶级思想的影响，也会受到本阶级关系变化的影响，从而使他们的思想向正确的方向发展或向相反的方向发展。所以人们思想变化中的阶级影响，是思想政治工作学科研究随时要把握的问题。

第四，坚持用阶级分析的方法分析如何做好思想政治工作的规律。在阶级还存在的社会中，任何规律的发现和运用都离不开人的阶级立场和政治立场。例如，从资本主义社会发展到社会主义社会并最终进入共产主义社会，无产阶级认为这将是人类社会发展的必然规律，但资产阶级是根本不承认这条规律的。又如要做好思想政治工作，就必须用无产阶级思想克服非无产阶级思想，从而使思想政治工作具有鲜明的阶级性。所以，离开了阶级分析的方法，就不可能认识和掌握党的思想政治工作的规律。

当然，坚持阶级分析的方法，并不是任意贴阶级的标签，更不是重复以"阶级斗争为纲"。因此，对于坚持运用阶级分析的方法，要具体问题具体对待，不能把任何问题都说成是阶级斗争或阶级斗争的影响。

二、历史观察的方法

历史唯物主义既是如实反映社会一般规律的科学历史观，同时又是认识和改造社会的科学方法论。如果离开了它，就不能正确地把握自己研究的对象在整个社会生活中的地位和作用，就不能揭示研究对象的深刻本质。思想政治工作的研究由于本身的特点，更加需要运用历史唯物主义的观察的方法。

运用历史观察的方法研究思想政治工作，要注意四个方面的问题。

第一，不能离开我国目前还处在社会主义初级阶段的事实。思想政治工作的研究必须以社会主义初级阶段人们的思想特点为依据，揭示思想政治工作的本质和规律。

第二，不能离开现实的具体经济条件。我国现在实行的经济体制，到底会对人们的思想、立场、行为，以及对思想政治工作产生什么影响？到底对思想政治工作的发展有哪些决定作用和制约作用？这些都是思想政治工作应关注的问题。

第三，不能离开改革、开放和经济建设的发展形势。改革开放必然会引起人们思想观念、工作方式、生活方式、价值观念的巨大变化。因此，思想政治工作学科必须紧密联系改革、开放的实际，展开有针对性的研究。

第四，不能离开两个文明建设的客观要求。社会主义社会发展不仅需要物质上的丰富，而且需要人们精神上的健康和充实。因此，思想政治工作这门学科必须研究两个文明建设的关系，从根本上提高思想政治工作的认识，充分发挥思想政治工作在两个文明建设中的重要作用。

三、理论联系实际的方法

理论联系实际，是马克思主义的基本原则和无产阶级政党的优良作风，也是思想政治工作这一学科研究的主要方法。理论联系实际，就是要以马克思主义为指导，从思想政治工作的历史经验和现实实践中抽象出思想政治工作的理论。为此，首先要学好马克思主义理论，用它来指导思想政治工作的研究活动。学习中特别要反对教条主义和实用主义这两种倾向。其次要运用马克思主义理论，坚持实践第一的观点。社会生活在本质上是实践性的。凡是把理论引向神秘主义方面去的神秘东西，都能在人的实践中及对这个实践的理解中得到解决。思想政治工作这一学科如果离开了思想政治工作的历史经验和现实经验，就使思想政治工作这一学科变成没有实践基础的难以使人理解的神秘理论。要坚持用实践来检验理论。从实践中抽象出理论，只是完成了第一步，第二步是还必须把理论放到实践中去检验。实践证明是正确的理论要进一步充实和完善，实践证明是错误的理论则应坚决纠正。实践之所以能对理论起到检验的作用，是因为实践高于（理论的）认识，实践不仅有普遍性的优点，并且有直接的现实性的优点，正是这两大优点，决定了实践是检验思想政治工作这一学科理论的唯一标准。

四、辩证逻辑的方法

辩证逻辑的方法是把唯物辩证法贯彻于理性思维，揭示思维形式和过程的辩证法运动，因此它是一种科学的思维方法。运用这种方法就能做到概念明确，判断恰当，推理合乎逻辑，帮助人们正确揭示事物的本质。辩证逻辑的方法主要有：归纳和演绎、分析和综合、抽象和具体等。思想政治工作是一门学科，要研究它，自然也就不能离开科学的逻辑方法。

归纳是从个别事实走向一般结论的、去异求同的思维方法。演绎是从一般概念、原理走向个别结论的思维方法。思想政治工作研究所强调的阶级分析方法、历史观察的方法和理论联系实际的方法，都离不开对思想政治工作现象的归纳和根据正确的原则所进行的演绎。

如果没有必要的归纳，就不可能对大量的思想政治工作现象进行整理；而没有必要的演绎，也就不可能对思想政治工作的现象，从正确的前提中得出正确的结论。

分析是在思维中把认识对象分解为不同的组成部分、方面、特性等，对它们分别加以研究。思想政治工作本身是一个具有多样性，又具有统一性的非常复杂的工作，不可能一下子把思想政治工作的很多现象的来龙去脉、相互联系都弄清楚，而必须首先对思想政治工作的各个领域、各个方面展开分析，以便把每一领域和方面的内容、特点、规律探讨明白，而一旦抓住了某一现象的本质性规律，就应由分析进到综合，把它们作为一个整体来研究，以求得科学的认识。因此，人们对思想政治工作的研究是一个分析、综合、再分析、再综合的循环往复、无限发展的过程。

抽象是指客观事物某方面属性在思维中的反映。它有两个显著特点：一是多样性，二是统一性。它是事物矛盾内部各方面的对立统一在思维中的再现。思想政治工作的历史经验和现实经验都非常丰富，要使这些经验上升为理论，就必须运用抽象的方法，反映和概括出思想政治工作各个方面的本质，形成概念和范畴。但是，抽象的方法是把对象的各个方面的属性、关系从统一中分割开来，抽取出来，单独加以反映。这样，抽象规定相对于客观事物的具体性来说，不可避免地具有相对的片面性和孤立性。因此，还必须从抽象到具体，把思想政治工作作为一个整体来考察，使思想政治工作的概念、范畴、规律完整地和系统地再现出来。

第四节 思想政治工作的地位

把思想政治工作放在恰当的地位上，这是做好思想政治工作的前提。毛泽东同志曾指出："政治工作在任何一部分革命军队中，都应有其适当的地位，都应适当地强调它的作用，否则这个部队的工作要受到损失，特别是在那些政治工作比较薄弱的部队，这样的强调十分必要。对于政治工作的过分强调是不对的，但是没有必要的强调，没有必要的地位，也是不对的。"什么是思想政治工作的恰当地位呢？从根上讲，就是思想政治工作要为目前党的总任务和总目标服务。在民主革命时期，思想政治工作要全力为实现反对帝国主义、封建主义、官僚资本主义的新民主主义革命的总任务服务。在新的历史时期，党的总任务是团结全国各族人民自力更生，艰苦奋斗，逐步实现工业、农业、国防和科学技术现代化，把我国建设成为富强民主文明和谐美丽的社会主义现代化强国。思想政治工作就是要全力为实现这一总任务而服务。

一、为总任务服务，体现了上层建筑对经济基础的反作用

思想政治工作的地位，并不是谁说它重要它就重要、谁说它不重要它就不重要的问题，它是不以人们的意志为转移的，而是由它本身所固有的规律所决定的。思想政治工作从本质上讲，是属于社会意识形态范畴，属于上层建筑领域的，它由社会存在、经济基础所决定，是一定的社会存在、经济基础的反映，又对一定的社会存在、经济基础产生反作用，为这个社会存在、经济基础服务。在阶级社会中，把思想教育、政治教育放在重要地位，这是历史发展的客观规律。各个统治阶级不仅重视，而且都必然使统治阶级的思想体系、政治观点、道德规范在全社会成为占统治地位的思想，使其为巩固、发展自己的政治统治和生产资料所有制服务。无产阶级和过去的剥削阶级在这个问题上的根本区别在于：无产阶级十分自觉地遵循客观规律，建立了自己的系统的思想政治工作的理论和实践，为巩固人民民主专政和发展生产资料公有制服务。

中国共产党在各个不同的历史时期为自己规定了不同的总任务、总目标，要求各项工作都要围绕实现总任务这个中心来进行。因此，服从于、服务于党的总任务、总目标，是我们一切工作的指导思想，所以，思想政治工作当然也就不例外了。在我们党的历史上，确实曾经有过把思想政治工作的地位摆得不恰当，或者过高，或者过低，而造成重大损失的教训。比如在抗日战争初期，有些同志以为搞统一战线、国共合作了，似乎党的思想政治工作可以放松了，曾经一时迁就国民党，在军队中取消了政治委员制度，降低和削弱思想政治工作的地位，给部队建设和思想政治工作一度造成很大的损失，影响到抗日战争的胜利发展。再有就是在十年"文化大革命"时期，林彪、江青一伙，在"突出政治"的口号下，大搞政治"冲击一切，代替一切"那一套，把思想政治工作的地位抬到了高得吓人的地步，不是为经济服务，而是为所谓的"阶级斗争"服务，给社会主义事业带来了极为严重的破坏。

党的十一届三中全会以来，我们党废除了"以阶级斗争为纲"的指导思想，使党的工作重心转移到社会主义现代化建设上来。思想政治工作相应地也应实现指导思想的转变，使自己切实为实现党的十一届三中全会以来的总路线、总任务服务。党的十一届三中全会以来，党的路线是建设有中国特色的社会主义，这条路线有两个基本点：一个是坚持四项基本原则，另一个是坚持改革、开放、搞活。党的路线既然有两个基本点，这就决定了思想政治工作也必须牢牢地掌握这两个基本点，宣传这两个基本点，只有这样，才能自觉地坚持为实现党的总路线、总任务服务，为建设有中国特色的社会主义作出更大的贡献。

二、思想政治工作是完成总任务的中心环节

毛泽东同志指出："掌握思想教育，是团结全党进行伟大政治斗争的中心环节。如果这个任务不解决，党的一切政治任务是不能完成的。"我们党在民主革命时期的最大政治任务就是革命战争，在社会主义现代化建设时期，最大的政治任务则是经济建设，不管是夺取革命战争的胜利，还是搞好经济建设，都需要掌握思想政治工作，并把它作为完成党的政治任务的中心环节来抓。因为在党的一切实际任务当中，总是包括两个方面的工作，一方面是业务工作，比如革命时期的军事业务、建设时期的经济业务和技术业务。另一方面是政治工作。这两个方面的工作缺一不可，是平行合作、相互配合、相互促进的关系，共同为完成党的政治任务服务。说政治工作和业务工作是平行合作的关系，并不是降低了思想政治工作的地位，而是说二者只是分工的不同，并没有高低贵贱之分，二者不能脱节、不能孤立，要相互结合，发挥各自的特殊作用，这才是实事求是、科学地看待思想政治工作的地位。我们在做业务工作时，要注意思想领先，抓好思想政治教育；

在做政治工作时,要将思想政治教育渗透到业务工作中去,结合业务工作一道去进行。思想政治教育工作如果脱离经济、技术等业务工作而孤立地进行,不论你喊得多么响亮,不论你如何重视,都只能是空头政治。而业务工作脱离了思想政治教育工作,便产生单纯的业务观点,成为盲目的、不清醒的革命者,忙忙碌碌的事务主义者,这样就有迷失方向的危险。思想政治工作为实现党的总任务服务不是消极的、被动的,而是积极的、主动的。我们在完成任何一项工作任务、实现任何一次战略转变的时候,都要先做全党、全军和广大干部群众统一思想的工作,使大家认清这项任务的意义,认清党的方针、政策的正确性,并懂得完成任务的正确方法,从而自觉地按照客观规律办事,并产生坚持精神,同心同德为完成党的任务而奋斗。这是党的优良传统和历史经验的科学总结。

三、为总任务服务是党的根本宗旨的必然要求

思想政治工作要服从于党的总任务、总目标,并不是降低了思想政治工作的地位,而是马克思主义的观点,是我们党的根本宗旨的必然要求和具体体现。我们党是无产阶级的先锋队,党的先进性从根本上说在于党在任何时候都强调和坚持工人阶级和全体人民的整体利益,全心全意为人民服务,除此之外,没有自己的特殊的利益。党在各个历史时期的总任务,都代表着工人阶级和广大人民群众的根本利益,是工人阶级和广大人民的长远利益和眼前利益的高度统一。当前,实现四个现代化,建设有中国特色的社会主义,代表了全国人民的共同利益,也是全国人民的共同理想、共同目标。思想政治工作如果不坚持为实现党的这一总任务、总目标服务的指导思想,就会背离党的根本宗旨,就会失去存在的价值。

总的来说,思想政治工作必须服从于和服务于党的总任务、总目标,这是上层建筑为经济基础所决定,又为经济基础服务这一客观规律的具体体现;思想政治工作在实现党的政治任务中处于中心环节的地位,为实现党的总任务、总目标服务也是党的根本宗旨对思想政治工作的必然要求。因而,思想政治工作的重要地位是客观的,既不能随心所欲地夸大,也不能主观武断地贬低。这才是对待思想政治工作应有地位的正确认识和科学态度。

第五节 思想政治工作的作用

思想政治工作的地位和作用不可分割且紧密相连。"思想政治工作是经济工作和其他一切工作的生命线。"这个论断是我们党对思想政治工作重要地位和作用的形象概括。关于"生命线"的提法,最早见之于周恩来同志1938年所写的《抗日军队的政治工作》一文,他说"革命的政治工作是民族工作的生命线""是一切革

命军队的生命与灵魂"。1955年,毛泽东同志又说:"政治工作是一切经济工作的生命线。"党的十一届六中全会通过的《关于建国以来党的若干历史问题的决议》充分肯定了"生命线"这一论断。毛泽东同志和周恩来同志关于"生命线"的科学论断,是根据"经济是基础,政治则是经济的集中表现"这一马克思主义的基本原理,在认真总结我党思想政治工作的经验教训的基础上提出来的,是为中国革命和建设实践所证明的科学真理,对我们党的事业有长远的指导意义。1983年中共中央批转的《国营企业职工思想政治工作纲要(试行)》中指出:"所谓'生命线'的作用,是指思想政治工作的保证作用。"思想政治教育工作正是由于具有的这一特殊作用,从而确立了它在经济工作和其他一切工作中的科学地位。思想政治工作的生命线作用、保证作用是通过思想政治工作所具有的功能而实现的。比如灌输、塑造、导向、转变、调节、激励、咨询、沟通等,都是思想政治工作所具有的功能。随着社会主义现代化建设的深入发展,思想政治教育工作比起过去日益显得广泛、深刻、复杂,它的某些功能得到强化和发展,还可能出现新的功能。没有这些功能的充分发挥,思想政治工作便不可能实现它的生命线作用和保证作用。在新的历史时期,生命线的作用主要表现在以下四个方面。

一、思想政治工作是坚持社会主义性质和方向的重要保证

中国共产党自成为执政党以来,所从事的工作是极为广泛的,但是无论哪一条战线上的工作,都离不开党的思想政治工作。这是因为思想政治工作保证着经济工作和其他各项工作的社会主义性质和方向。如果离开或者放松了思想政治工作,经济工作和其他各项工作就可能偏离社会主义方向。毛泽东同志在1958年的《工作方法六十条(草案)》中曾明确指出:"只要我们的思想工作和政治工作稍微一放松,经济工作、技术工作就一定会走到邪路上去。"又说:"不注意思想和政治,成天忙于事务,那就会成为迷失方向的经济家和技术家。"因此,要不要党的思想政治工作,进不进行思想政治教育,是关系到经济和其他业务工作走什么路、坚持什么方向的一个原则问题。有的人认为,既然我们党的政治路线是实现四个现代化,四个现代化就是我们的方向,哪里又还有什么方向、性质问题?这实质上是忽略了社会主义现代化和资本主义现代化的本质区别。我们是在社会主义公有制的基础上实现四个现代化,其目的是发展社会主义生产力,不断提高人民群众的物质文化生活水平,巩固和发展社会主义制度,为实现共产主义创造条件。而资本主义的现代化,是建立在私有制的基础上,其目的是最大限度地追求利润、增殖资本,使资本主义剥削制度存在下去,是在掠夺和竞争的基础上发展起来的,是以剥削本国群众和榨取殖民地人民的血汗为前提的。这两种现代化在经济基础、政治目的、方针、道路等方面,都有着本质的区别。邓小平同志曾强

调说:"现在我们搞四个现代化,是搞社会主义的四个现代化,不是搞别的现代化。""现在有人担心中国会不会变成资本主义,这个担心不能说没有一点道理。"这就十分清楚地告诉我们,在我国进行现代化建设时,必须保证经济建设的社会主义方向和性质。而坚持经济建设的社会主义方向和性质,就是要坚持建设有中国特色的社会主义经济,就是在社会主义条件下发展市场经济,不断解放和发展生产力。这就要坚持和完善社会主义公有制为主体、多种所有制经济共同发展的基本经济制度,坚持和完善社会主义市场经济体制,使市场在国家宏观调控下对资源配置起基础性作用;坚持和完善按劳分配为主体的多种分配方式,允许一部分地区一部分人先富起来,带动和帮助后富,逐步走向共同富裕;坚持和完善对外开放,积极参与国际经济合作和竞争等,而在坚持这些原则的过程中,必然会遇到各种思想阻力,其中最主要的是:

首先,"左"的影响还相当大,在经济形式上过于单一,经济管理上集中过多、统得过死,分配上的平均主义等,不利于繁荣城乡经济,不利于调动群众的社会主义积极性,必然妨碍社会主义制度优越性的充分发挥。

其次,由于一定范围内的阶级斗争和资产阶级思想的影响还会长期存在,由于个人和经济组织所处的地位和视野的局限,往往直接关心眼前利益和局部利益,而容易忽视长远利益和整体利益。因此,也要防止从"右"的方面背离社会主义方向。要坚持四项基本原则,防止资产阶级自由化思潮的泛滥。有些单位存在着不顾国家利益和社会需要,弄虚作假,截留上缴利税,滥发奖金、实物等情况,这些做法也是与社会主义企业的性质相违背的。在职工队伍中,还不同程度地存在着自由主义、无政府主义、极端个人主义等非无产阶级的思想和行为。我们要排除"左"、"右"两方面的影响和干扰,处理好国家、集体和个人三者的关系,保证经济工作和其他各项工作的社会主义方向,既要靠党的路线、方针和政策,靠各种具体的、健全的法规和有效的管理工作,又要靠坚强的思想政治工作。只有大力加强思想政治工作,提高人们的社会主义思想觉悟,提高对党的路线、方针、政策的认识和执行的自觉性,才能使我们的现代化建设始终沿着社会主义方向健康发展。

二、思想政治工作是建设社会主义精神文明的重要保证

党的十二大报告指出:"我们在建设高度物质文明的同时,一定要努力建设高度的社会主义精神文明。这是建设社会主义的一个战略方针问题。"思想政治工作不仅是物质文明建设坚持社会主义性质和方向的思想保证,而且是建设社会主义精神文明的根本保证。

文明是指人类进步和开化的状态,是人类改造世界能力的标志。它分为物质

文明和精神文明两种。物质文明是指人类改造自然的物质成果的总和，它表现为生产力的发展状况及社会物质生活水平。精神文明是指人们在改造客观世界的同时改造主观世界的精神成果的总和，它表现为精神生产发展状况和社会精神生活的状况，包括教育、科学、文化知识的发达和人们思想、政治、道德水平的提高。社会的改造、社会制度的进步，最终都将表现为物质文明和精神文明的发展。党的十二届六中全会通过的《中共中央关于社会主义精神文明建设指导方针的决议》指出："以马克思主义为指导的社会主义精神文明是社会主义社会的重要特征。在社会主义时期，物质文明为精神文明的发展提供物质条件和实践经验，精神文明又为物质文明的发展提供精神动力和智力支持，为它的正确发展方向提供有力的思想保证。社会主义精神文明建设，是关系社会主义兴衰成败的大事。"

社会主义精神文明是社会主义制度优越性的重要表现。它的基本特征表现在以下三个方面：马克思主义原理居于指导地位；精神文明的成果为劳动人民所享有，为人民服务，为社会主义服务；物质文明和精神文明互相促进，思想道德建设与科学文化建设和谐发展。它是迄今人类社会最高类型的精神文明。其中的社会主义、共产主义的思想、道德相比资产阶级腐朽没落的思想、道德具有无比的优越性。由于历史的原因，我国的科学文化在一些方面暂时还落后于西方，但从它为谁所有、为谁服务，以及思想、内容等方面来看，社会主义的科学、教育、文化又优越于西方。建设有中国特色的社会主义，不仅应当有高度的物质文明，而且应当有高度的精神文明；没有社会主义精神文明，就不可能建设社会主义。它既是建设社会主义的一个战略目标，又是坚持社会主义道路的一项政治保证。

社会主义精神文明建设有很多工作要做，但都离不开思想政治工作。思想政治工作对建设社会主义精神文明起着极为重要的作用，这是因为：

第一，加强思想政治工作是建设社会主义精神文明的核心内容和根本条件，社会主义精神文明建设包括教育、科学文化建设和思想道德建设两个方面。不论是社会主义的思想意识，还是社会主义的文化，都不可能自发地产生和发展，而是要通过无产阶级的先锋队——共产党的思想政治领导和思想政治教育工作，自觉地建立和发展。思想政治工作不仅是思想道德建设的基本途径，而且是教育、科学文化建设的强大动力和必要条件。科学文化建设自身不能决定自己的性质和方向，因此，思想道德建设便决定着科学文化建设，进而制约着整个精神文明建设的性质和方向。由此可见，思想政治教育工作是社会主义精神文明的根本条件。

第二，搞好思想政治工作是培养社会主义新人的主要措施。培养有理想、有道德、有文化、有纪律的社会主义公民，提高整个中华民族的思想道德素质和科学文化素质，是社会主义精神文明建设的根本任务。这个任务不完成，社会主义现代化建设事业便不能成功。而要培育社会主义的"四有"新人，提高公民的素质，主要靠思想政治教育工作。离开了马克思列宁主义、毛泽东思想、邓小平理论和"三个代表"等重要思想的教育，是不可能培养出社会主义"四有"新人的。

第三，加强思想政治工作是建立良好的社会风气和新型的人际关系的根本途径。十年"文化大革命"，损害了一些人对马克思主义的信念，破坏了人与人之间良好的社会关系，"关系学"在社会上流行起来。这种不正之风实际上就是用旧的、封建的或资产阶级的原则来处理社会主义社会的人际关系，而且渗透到社会生活的各个方面，极大地损害了集体、社会乃至党和国家的利益，为个人和小集团牟取私利打开了缺口。广大人民群众对这种不正之风和不正常的关系深恶痛绝，迫切要求从根本上扭转这种不正之风，建立和恢复社会主义新型的人际关系。对于那些影响很大、危害严重的不正之风，要靠党纪、政纪来严肃查处，有的还应绳之以法。但从根本上来讲，良好的社会风气的形成、新型人际关系的建立，只有依靠长期的思想政治教育工作才能完成。

第四，加强思想政治工作是引导人们实现观念现代化的必要手段。要建设社会主义现代化国家，必须有适应现代化建设需要的现代化人才，他们必须具有现代化的观念。改革、开放、搞活，商品经济的发展，极大地冲击了某些愚昧落后的观念，把人们从封闭、半封闭的状态中解放出来，对于增强人们的现代意识，树立与现代化建设相适应的劳动观念、价值观念、竞争观念、时效观念、人才观念、信息观念等，起了积极的作用。但是，在发展商品经济的过程中，商品交换原则侵入政治生活和道德领域，有的人滋生了"一切向钱看"的思想，弄虚作假，损人利己，损公肥私，钻改革的空子，以权谋私，甚至把原则、人格、荣誉等商品化了。只有加强思想政治教育工作，才能引导人们正确地进行观念的转变，分清什么是有利于社会主义现代化、有利于改革的新观念，什么是封建主义的、资产阶级的旧观念。同时，也只有通过思想政治教育工作，才能提高人们对改革的认识和理解，增强对改革的心理承受能力，同心同德地克服在改革过程中遇到的各种困难和问题，坚持搞好改革，促进社会主义现代化事业的迅速发展。

三、思想政治工作是调动人们社会主义积极性、创造性的重要保证

我国的社会主义现代化建设是人民群众自己的事业，只有依靠广大人民群众的觉悟、智慧和力量，才能取得成功。那么，靠什么来调动广大人民群众的积极性和创造性呢？那就是靠贯彻社会主义物质利益原则和深入细致的思想政治工作。这两者是相互促进、相辅相成的。过去，在"左"的思想的指导下，强调精神万能，否认物质利益原则，否定按劳分配，结果挫伤了广大人民群众的积极性，影响了经济的发展，这是一个极为深刻的教训。历史唯物主义告诉我们，"人们奋斗所争取的一切，都同他们的利益有关"。利益，主要是物质利益。因此，我们应当

正确地贯彻物质利益原则，实行按劳分配，使广大群众从切身利益上理解社会主义制度的优越性，从而调动他们的积极性和创造性。可是，如果认为只要贯彻了物质利益原则，采取了一定的经济手段和行政措施，就可以代替思想政治教育工作，削弱甚至取消思想政治工作，那就完全错了。充分调动广大人民群众的社会主义积极性，既要靠正确的经济政策，又要靠有效的思想政治教育工作。片面强调和夸大思想政治教育工作的作用，忽视、否定按劳分配；或者片面夸大经济手段的作用，忽视、否定思想政治教育工作，都是完全错误的。

从长远的观点来看，思想政治工作在现代化建设中的作用不仅不会越来越小，而且还会越来越大。这是因为在现代化建设中，精神动力的作用日益增大，尤其是当今世界精神动力对新技术革命的社会作用越来越大，这是社会发展规律的必然结果。对这个问题，我们可以从以下两个方面来认识。

首先，现代化生产的发展使人们的劳动越来越富于创造性，这就特别需要发挥精神动力的作用。第二次世界大战以来，随着科技和生产自动化的发展，在工人们的劳动中，那些简单重复的机械动作日渐被机器所代替，体力劳动中越来越多地渗入了脑力劳动的成分，一些技术性强的工作，资本家们已无法用过去那套简单粗暴的管理办法来进行直接的监督，更不用说以此去监督人数迅速增长的脑力劳动者了。在一些经济发达的国家中，脑力劳动者的人数已超过了总就业人数的一半。随着新技术革命的兴起，电子计算机越来越普及，脑力劳动者中那些简单的、比较烦琐的部分也逐步为电子计算机所代替。目前，作为新技术革命先导的微型电子技术正在逐步渗透到社会的各个领域，使用微型电脑的越来越多。机器人的广泛使用和人工智能的发展，将使整个生产过程自动化，以至于微型电脑可以同人类一起参与很多创造性的活动。总的来说，现代社会人类劳动的发展趋势，是日益摆脱繁重的、机械的体力劳动和简单的、烦琐的脑力劳动，而越来越富于创造性。

劳动的创造性，依赖于劳动者内在的精神因素。所以资本家为了把现代化生产搞上去，不得不在采用严密规章制度的同时，更加重视从精神上刺激劳动者的积极性和主动性。所谓行为科学就是在这样的背景下应运而生并得到发展的。我们在社会主义的现代化建设中，更应当重视精神动力的作用，通过形式多样、深入细致的思想政治教育工作，提高广大劳动者的社会主义积极性和创造性，从而推动现代化生产的迅速发展。

其次，随着广大劳动者物质文化生活的改善，人们将追求更高的精神目标，使精神激励因素越来越重要。20世纪50年代以后，世界资本主义经济经历了20年的相对繁荣时期。少数发达资本主义国家以凯恩斯经济学为依据，普遍采取了以高消费、高福利刺激经济增长的策略。这一策略使得它在提高剩余价值率的同时，也提高了劳动者的工资福利待遇，使这些国家大多数劳动者的物质生活的基本需要得到了相当程度的满足。"饥饿"的鞭子已经不再是驱使劳动者为资本家卖命的最有效的手段，而运用精神刺激来诱发劳动者的积极性和主动性，就成为资本主义管理所不容忽视的要素了。

大家都知道，一个国家越发达，它的生产就必然越现代化，它的国民的物质生活基本需要也就越有条件去满足，因而精神动力在提高劳动者的积极性和创造性方面的作用就越重要。因此，重视精神动力不是出于现代社会生活中任何人的主观愿望，而是现代化生产和生活本身的要求。同时，我们也要看到，资本主义管理越来越强调人的因素，重视精神刺激，其仍然是为了更多地剥削劳动者所创造的剩余价值。而且这种精神刺激也只能在有限范围内起作用，不能从根本上解决精神动力问题。

在我们的社会主义国家中，劳动人民当了家做了主，成为国家的主人，我们进行社会主义四个现代化建设，就是要大力发展生产力，满足广大人民群众日益增长的物质需要和精神需求，因此，实现社会主义现代化，是我们国家、我们民族、我国14亿人民的根本利益、根本出路。我们进行思想政治教育工作，就是要宣传群众、组织群众，使大家都能以实现四个现代化为己任，把自己的全部智慧和力量，贡献给这个伟大的事业。这样，把当前所从事的各项具体的现代化建设工作同远大目标和共同理想结合起来，就能够形成强大的、持久的精神动力。在此基础上，推动各项建设任务的顺利完成和经济效益、社会效益的不断提高。这就是我们进行思想政治教育工作与资本主义管理重视精神刺激的根本区别。

四、思想政治工作是防止和克服各种非无产阶级思想侵蚀的重要保证

防止和克服各种非无产阶级思想对革命队伍的侵蚀，使广大群众的思想、情绪保持健康向上、朝气蓬勃，这是思想政治工作的又一重要作用。思想政治工作说到底，就是用正确的东西去克服错误的东西，用社会主义和共产主义思想去抵制资产阶级思想的影响，克服小资产阶级思想。在我国意识形态领域内，无产阶级思想同资产阶级思想、封建主义思想及小资产阶级思想之间的斗争，还会长期存在。

马克思主义原理告诉我们，无产阶级在建立自己的政治统治和经济统治的同时，还必须建立自己的思想统治。我们要用无产阶级思想，逐步取代资产阶级的、封建阶级的、小资产阶级的思想。这是一个长期、艰巨的任务，必须经过持久的、坚持不懈的努力才能完成。一方面，因为思想的统治地位不能靠枪杆子，也不能靠强迫命令去建立，只能靠坚持不懈的思想教育和经常耐心的灌输工作，靠马克思主义的正确性去说服群众接受它、信仰它。另一方面，还因为意识形态具有相

对独立性，代表旧制度、剥削阶级的旧思想，在它赖以产生和存在的经济基础被消灭以后很长一段时间内，还会在新社会残留并发生影响，而不肯轻易退走。因此，无产阶级思想统治的建立和巩固，是一个新旧思想彼此斗争，无产阶级思想不断增长，剥削阶级思想和各种非无产阶级思想不断消亡的漫长过程。思想政治工作就是要在这个漫长的过程中发挥积极作用，帮助人们在头脑中增强无产阶级的思想，抵制和克服各种非无产阶级思想的影响和侵蚀。

当前，各种非无产阶级思想对人的思想的侵蚀主要是通过以下三种方式进行的。

首先，旧意识、旧道德观念经常通过人们的世界观和道德观念、道德行为，对人们进行潜移默化的侵蚀。有的还通过各种媒介进行，如通过电影、戏剧、小说等文艺作品及刊物等渠道进行。这种侵蚀是经常的、长期的、广泛的，是以一点一滴的渗透方式进行的。

其次，旧的意识在一定的社会条件下，贴着新思想的标签，形成社会思潮来侵蚀人们的思想。比如资产阶级自由化思潮、极端个人主义思潮、崇洋媚外、享乐主义等，可以打着"改革"和"现代观念"的旗号出现，对人们的腐蚀和毒害也是无孔不入的。

最后，坏人、犯罪分子和外国资产阶级分子，通过物质引诱或名利地位引诱的方式，直接地拉拢腐蚀。有的干部、青年就是在物质的利诱或出国观光等的引诱下，被拉下水的。教育青少年的斗争是客观存在的。由于各种非无产阶级思想妨碍我们正确地贯彻执行党的路线、方针和政策，妨碍我们为完成党提出的任务所进行的斗争，也就是说，妨碍我们改造客观世界，也妨碍我们改造自己的主观世界，不去掉这些非无产阶级思想，我们的革命就不可能胜利，社会主义现代化建设也不可能顺利地进行。因此，防止和克服各种非无产阶级思想侵蚀的教育，应当也必须成为思想政治工作的一个重要内容。在目前改革开放的形势下，我们必须注意研究各种非无产阶级的思想以什么方式和渠道对人们的思想发生侵蚀的作用，以便采取科学、有力的教育措施，保证广大人民群众的思想意识的纯洁性，保证人们的思想、情绪健康向上，朝气蓬勃地发展。

第二章　思想政治工作的内涵

第一节　思想政治工作的目的

一、确定思想政治工作目的的依据

我们党进行思想政治工作，其根本目的就是不断提高人们的素质，提高人们对世界的认识和改造的能力，为建设社会主义、实现共产主义而奋斗。整个世界，要靠全人类来认识和改造。伟大的中国，则要靠整个中华民族来认识和改造。只有不断提高整个中华民族的思想道德素质和科学文化素质，提高人们对世界的认识能力、改造能力，才能迅速把我国建设成为社会主义现代化的强国，为人类发展作出更大的贡献。只有坚持这个根本目的，思想政治工作才能真正起到经济工作和其他各项工作的灵魂和保证的作用。

思想政治工作的目的分为根本目的和具体目的，都不是纯粹主观的东西，不是人们可以随意规定的。人的目的是客观世界产生的，正确的目的只能是客观世界的存在和发展合乎规律的反映。我们确定以提高人们的素质，提高人们对世界的认识和改造的能力为思想政治工作的根本目的，依据主要有以下三个方面。

第一，认识世界和改造世界是无产阶级肩负的历史使命。毛泽东同志指出："社会的发展到了今天的时代，正确地认识世界和改造世界的责任，已经历史地落在无产阶级及其政党的肩上。"他还说："无产阶级和革命人民改造世界的斗争，包括实现下述的任务：改造客观世界，也改造自己的主观世界——改造自己的认识能力，改造主观世界同客观世界的关系。"无产阶级只有提高自己对世界的认识能力和改造能力，才能完成认识世界和改造世界的历史使命。因此，我们党进行思想政治工作，就必须始终围绕无产阶级的认识世界和改造世界的历史使命来做文章。

大家知道，在马克思、恩格斯刚创立共产主义学说的时候，尽管只有他们两个人，但由于他们抓住了提高工人阶级认识世界和改造世界的能力这个主题，用自己的学说去教育、武装工人阶级，使工人阶级提高了对剥削制度本质的认识和革命斗争的觉悟，认识了自己的历史使命，从而变单纯的经济斗争为推翻旧世界的政治斗争，由自在的阶级发展成自为的阶级。只有像马克思、恩格斯那样，把提高人们对世界的认识能力和改造能力放在首位，才能使无产阶级和广大人民更加自觉地肩负起认识世界和改造世界的重任，正确地认识世界，有效地改造世界。

第二，马克思主义是认识世界和改造世界的强大思想武器。开展思想政治工作，就是要大力宣传马克思主义，用马克思主义的立场、观点和方法去能动地认识世界和改造世界。毛泽东同志指出："代表先进阶级的正确思想，一旦被群众掌握，就会变成改造社会、改造世界的物质力量。"开展思想政治工作，就是为了要使党员、干部和广大群众掌握马克思主义这一代表无产阶级的先进思想，提高人们的素质。这样，就能通过社会意识对社会存在的反作用，变成人们认识世界和改造世界的能力，使无产阶级和人民群众在革命斗争的实践中，不断地取得改造社会、改造世界的胜利，并在实践中进一步完善和提高自己。经济工作和其他各项业务工作都是改造社会、改造世界的具体工作，这些工作都是要靠人去做的。进行思想政治工作如若不去做培养人、教育人、提高人的素质的工作，不去用马克思主义思想武装人们的头脑，不以提高人们认识和改造世界的能力为根本目的，也就无法发挥对经济工作和其他各项工作的服务和保证的作用。

第三，把提高公民素质、提高人们对世界的认识和改造的能力作为思想政治工作的根本目的，这是我们党的历史经验的科学概括和总结。人们对客观世界的认识能力和改造能力都属于人的素质。提高这两个能力就是要改造人的主观世界，改造人们的认识能力和实践能力，改造主观同客观的关系。思想政治工作只有把全面提高人的素质作为根本目的，才能推动革命人民改造世界的斗争。而提高人的素质则是历史的产物，它又给历史以巨大的影响。在无产阶级夺取政权之前，在阶级斗争还是社会的主要矛盾的条件下，思想政治工作主要是为阶级斗争的胜利服务，在阶级斗争的实践中虽然起到了培养人、教育人、提高人的政治觉悟和斗争才能的作用，但是由于社会条件的限制，当时还不可能把全面提高人的素质放在突出地位。相反，为了改变束缚绝大多数人的自由发展的社会制度，革命队伍内部还要在一定限度内限制或牺牲某些个人的发展。因此，当时如要明确地把全面提高人的素质作为思想政治教育工作的根本目的，自然是不适当也是不可能的。在社会主义制度建立起来以后，党的中心任务已从破坏旧世界变为建设新世界了，思想政治工作作为做人的工作、培养人的事业，理应把全面提高人的素质放到突出的位置上来。但是在过去相当长的一段时间里，党的工作重心没有转移到经济建设上来,一直是"以阶级斗争为纲",思想政治工作成了阶级斗争、政治斗争、思想批判的同义词,在这种情况下,人的自身素质的改善和提高被忽视了。这一失误伤害了很多人的积极性,使人的自身发展受到了不应有的限制,从而导致社会主义优越性得不到充分的发挥。在总结、吸取历史经验的基础上,党的十二届六中全会通过的《中共中央关于社会主义精神文明建设指导方针的决议》明确指出:"在社会主义条件下,努力改善全体公民的素质,必将使社会劳动生产率不断提高,使人和人之间在公有制基础上的新型关系不断发展,使整个社会面貌发生深刻的变化。这是我国社会主义现代化事业获得成功的必不可少的条件。"因此,明确地把提高人的素质、提高人们对世界的认识能力和改造能力作为思想政治工作的根本目的,是对历史经验的科学概括和总结。

二、如何把握和坚持思想政治工作的根本目的

思想政治工作的目的是一个多方面、多层次的主体动态结构。它有直接目的和间接目的、近期目的和长远目的、具体目的和根本目的的区别。对于不同的时期、不同的战线来讲,思想政治工作的目的也有所不同。因此,把握和坚持思想政治工作的根本目的极为重要,主要应正确认识和处理好以下四个关系。

1. 改造主观世界和改造客观世界的关系

思想政治工作是做人的工作的,属于改造主观世界,它同改造客观世界一起,都属于无产阶级改造世界的历史使命,但归根结底,改造主观世界是为了更好地改造客观世界。所以,思想政治工作的根本目的应当服从党的最终奋斗目标,服从共产主义事业的根本利益。为了改造客观世界而改造主观世界,使主观世界适应改造客观世界的需要,改造主观世界要在改造客观世界的斗争中进行,主观世界的进步要在积极进行改造客观世界的实践中表现出来。由此可见,改造人的主观世界、提高人的素质是思想政治工作的直接目的,改造客观世界则是思想政治工作的间接目的,不改造人的主观世界,人们就不可能取得改造客观世界的胜利。

2. 提高认识能力和提高实践能力的关系

提高人们对世界的认识能力,包括提高人们对自然界和社会的观察能力、分析综合能力、分辨是非的能力等,这除智力因素外,还要受到政治觉悟和思想意识、道德品质等的制约,因此,都是思想政治工作要解决的问题。提高人们改造世界的能力,既包括改造主观世界的能力,又包括改造客观世界的能力,即要提高人们的思想品德修养和从事各项工作的业务能力、创造能力等实践能力。思想政治工作既要提高人们的认识能力,又要注意提高人们的实践能力,这是因为无产阶级认识世界就是为了改造世界。如果思想政治工作只是提高人们认识世界的能力,只停留在如何说明世界,而不讲如何改造世界,不动员群众去实践这个改

造,那就无异于讲空话。只有既提高认识世界的能力,又提高改造世界的能力,才能够有效地实现由物质到精神,又由精神到物质的飞跃。这样,思想政治工作才能收到实际的效果。

提高人们对世界的改造能力,就是要把人们对于世界的正确认识,通过实践转化为对世界的能动改造。无论人们对世界的认识多么正确和深刻,如果不通过实践,就永远无法转化成改造世界的能力。我们进行思想政治工作,就是要帮助人们正确掌握马克思主义的立场、观点和方法,科学地认识世界,并鼓励和激发人们改造客观世界的信念、热情、毅力和斗志,去掌握改造世界的过硬本领,争取社会主义革命和现代化建设的胜利。无产阶级的革命导师曾反复告诫人们,马克思主义不是教条而是行动的指南。因此,我们进行思想政治教育工作,学习马克思主义理论,不是为了教育而教育、为了学习而学习,而是为了帮助人们运用革命理论去指导改造世界的革命实践。如果离开了改造世界,思想政治教育工作就成了装饰门面的工作,革命理论也就成了教条。这种情况,曾一度给革命事业造成重大危害,在我们党的历史上是有过沉痛教训的。毛泽东同志在1942年的延安整风时期,邓小平同志在粉碎"四人帮"后的拨乱反正阶段,都曾对思想政治教育工作中的教条主义倾向进行过深刻的分析和批判。这是我们思想政治工作中应当认真吸取的经验教训。同时,我们还应当善于及时了解新情况、研究新问题,有针对性地、有成效地,并且不断地教育和帮助人们在认识世界和改造世界的实践中,随时纠正错误,把问题解决在萌芽状态。这样通过反复的实践,使人们的认识不断深化,改造世界的能力不断提高。

3. 提高思想道德素质和提高科学文化素质的关系

思想政治工作和精神文明建设的目的都在于提高人的素质。人的素质主要包含思想道德素质和科学文化素质两大方面。有的人认为社会主义精神文明建设才要全面提高人的素质,思想政治教育只是提高人们思想道德素质的。这是片面的观点。思想政治工作的目的虽然是要用最大的努力去提高人们的思想道德素质,但也不能忽视提高人们的科学文化素质。要克服过去曾出现过的轻视知识、轻视教育的错误倾向。要认清提高人们的科学文化水平,不仅是提高人们的思想道德素质的前提条件,而且是提高全民族的素质的重要基础。

在我国目前的情况下,更应该为彻底摆脱较低文化状态而进行顽强、持久的斗争。识字、扫盲、普及义务教育,只是提高全民族科学文化素质的起码要求,还应组织越来越多的人接受现代教育,不断吸取最新的科学文化成果,掌握人类创造的一切有用的知识。从广义上看,科学文化素质当然不仅仅是书本知识,还应当包括一定的业务水平和创造能力,包括较高的文化素养和审美的能力等。因此,那种认为没有文化也会有崇高的理想和道德的看法,是毫无根据的。没有文化，只能"站在政治之外"，理想信念、道德情操都要受到局限，甚至只意味着愚昧和落后，又怎么能建设社会主义现代化强国呢？所以，科学文化素质是提高思想道德素质的智力基础，思想道德素质又为提高科学文化素质提供强大的精神动力。二者互相渗透，互相促进。思想政治工作既然是建设社会主义精神文明的中心环节和根本保证，那么，也应当以全面提高人们的素质为自己的根本目的。

4. 思想政治工作的根本目的和具体目的的关系

思想政治工作的根本目的的实现，要通过各个时期、各条战线以至各项思想政治工作的具体目的的实现而实现。因此，要善于把思想政治工作的根本目的和具体目的统一起来。在进行各个时期、各个部门的思想政治工作的时候，要牢记思想政治工作的根本目的，特别是在开展日常思想政治工作时，不要把具体目的乃至具体的形式、方法混同于根本目的，以避免思想政治工作的盲目性和只讲做了什么而不问实效如何的事务主义和形式主义的倾向。这样，思想政治工作才不至于零敲碎打，忙于应付，头痛医头，脚痛医脚，才能做到系统性，通过各个具体目的的实现，逐步改善人们的素质，不断提高人们认识世界和改造世界的能力，推动社会主义事业的迅速前进。

第二节 思想政治工作的任务

思想政治工作是解决人们的思想、观点和立场问题，动员广大干部和群众为实现当前和长远的革命目标而努力奋斗。思想政治工作的对象、性质决定了它的目的和任务是用马克思列宁主义、毛泽东思想、邓小平理论和"三个代表"等重要思想教育干部和群众，不断提高人们的革命觉悟，并通过反复实践来提高人们认识世界和改造世界的能力。然而，这种能力的提高又是在完成党的各个历史时期的任务和各种中心工作中逐步实现的，是一个长期的量的积累过程。一代共产主义新人的成长就是一个由量变到部分质变，再到全部质变的发展过程。

思想政治工作的任务大致可以分为两个方面，即根本任务和具体任务。

一、思想政治工作的根本任务

明确了思想政治工作的根本目的，也就明确了这一工作的方向和目标。可是，如何才能达到这一目的？这就是思想政治工作的任务所要做出回答的问题。思想政治工作的根本任务主要有以下两个方面。

（一）用马克思列宁主义、毛泽东思想、邓小平理论和"三个代表"

等重要思想培养"四有"新人

我们党的思想政治工作的根本任务，就是用马克思列宁主义、毛泽东思想、邓小平理论和"三个代表"等重要思想教育党员、干部和广大群众，提高社会成员的社会主义觉悟，培养和造就有理想、有道德、有文化、有纪律的"四有"新人。简单来说，就是用马克思列宁主义、毛泽东思想、邓小平理论和"三个代表"等重要思想培育社会主义和共产主义新人。

为什么要用马克思列宁主义、毛泽东思想、邓小平理论和"三个代表"等重要思想培育社会主义和共产主义新人呢？这是因为：

第一，马克思列宁主义、毛泽东思想、邓小平理论和"三个代表"等重要思想是人们提高思想政治觉悟的指南针。人们的社会主义和共产主义思想意识，不能自发地产生，必须由共产党来进行教育。党的思想政治工作就是做这种教育工作。为什么马克思列宁主义、毛泽东思想、邓小平理论和"三个代表"等重要思想的教育能使人们产生社会主义和共产主义的思想意识呢？这是因为，它们正确地反映了人类社会发展的客观规律，它们是无产阶级的最科学的世界观，是人类智慧和正确思想的结晶。列宁指出："马克思的学说之所以万能，就是因为它正确，它十分完备而严整，它给予人们一个决不同任何迷信、任何反动势力、任何为资产阶级压迫所做的辩护相妥协的完整世界观。"有了马克思列宁主义、毛泽东思想、邓小平理论和"三个代表"等重要思想这些完整的世界观做指导，人们就会对整个世界和人生有一个科学的认识；就能树立起崇高的理想和坚定的信念；就能有明确的奋斗目标和前进的方向；就能有正确的革命立场和观点；就能有高尚的道德和情操；就能有坚强的毅力和工作热情。斯大林同志曾指出："在国家和党的任何一个工作部门中，工作人员的政治水平和马克思列宁主义觉悟程度愈高，工作本身的效力也愈高，工作也就愈有成效；反过来说，工作人员的政治水平和马克思列宁主义觉悟程度愈低，就愈可能在工作中遭受挫折和失败，就愈可能使工作人员本身庸俗化和堕落成为鼠目寸光的事务主义者，就愈可能使他们蜕化变质——这要算是一个定理。"实践证明：只有用马克思列宁主义、毛泽东思想、邓小平理论和"三个代表"等重要思想武装广大党员、干部和群众的头脑，他们才会有高度的政治水平和马克思列宁主义觉悟，一代又一代的社会主义和共产主义新人才会不断成长起来。如果放松了这种教育，人们就会失去精神支柱，就没有明确的奋斗目标和方向，就没有远大的理想和动力，各种非无产阶级的思想、形形色色的个人主义就会泛滥起来，人们不但不能很好地工作，反而还会堕落下去，蜕化变质。所以，必须坚持用马克思列宁主义、毛泽东思想、邓小平理论和"三个代表"等重要思想教育广大党员、干部和群众，不断提高他们的思想政治觉悟。这是培育社会主义和共产主义新人的迫切需要。

第二，马克思列宁主义、毛泽东思想、邓小平理论和"三个代表"等重要思想是人们提高认识能力的锐利武器。它们不仅为人们提供了改造思想意识、提高政治觉悟的科学世界观，而且为人们提供了改造思维方法、提高认识能力的科学的认识论。毛泽东同志指出："我们的眼力不够，应该借助于望远镜和显微镜。马克思主义的方法就是政治上、军事上的望远镜和显微镜。"辩证唯物主义的认识论，是提高思维能力和认识能力的最有效的理论武器，我们只有掌握了它，才能正确认识客观事物的本质和规律性，才能造就出真正的社会主义和共产主义的新人来。

无数事实证明：马克思主义学说之所以能培育一代又一代的社会主义和共产主义新人来，最根本的原因就在于它能够掌握千百万革命群众的心灵。由于马克思列宁主义、毛泽东思想、邓小平理论和"三个代表"等重要思想在提高人们的思想觉悟和认识能力方面有着巨大的作用，由于它们能够很好地掌握千百万革命人民的心灵，所以我们党一直把用马克思列宁主义、毛泽东思想、邓小平理论及"三个代表"等重要思想教育和培养社会主义和共产主义新人作为思想政治工作的根本任务。

马克思列宁主义、毛泽东思想、邓小平理论和"三个代表"等重要思想是严密而彻底的科学世界观和认识论，是无产阶级和广大人民群众认识世界和改造世界的强大思想武器，无产阶级政党的历史任务，就是要用这个科学的世界观和认识论去培养、教育、武装广大党员、干部和群众。而且首先是要教育广大党员和干部，只有党员和干部的思想觉悟和认识能力提高了，才能依靠他们去教育和影响群众。在过去一段时间中，我们对这个问题的认识不够，没有下大功夫对党员、干部进行轮训、教育、培养和提高，这是一个很大的失误。民主革命时期，尤其是红军时期和延安时期，我们党做思想政治工作，立足点首先就是对党员、干部进行说服教育工作，首先是对党员、干部进行轮训和提高，对他们时刻提出严格的要求。毛泽东同志1929年写的《古田会议决议》，是我们党思想政治工作的一个纲领性文件。这个文件主要就是针对党员、干部的思想问题讲的。纠正红军中的各种错误思想，首先就是纠正党内的各种错误思想；改善官兵关系，首先就是对党员干部提出严格的要求。当时，对战士和群众的思想政治工作比较好做，其中重要的一个原因就是首先做好了党员、干部的思想政治工作。党员、干部的政治觉悟和认识水平提高了，思想搞通了，做战士和群众的思想政治工作就好办了。所以，做思想政治工作，关键要在广大党员、干部的身上下功夫。如果不首先教育广大党员、干部，而把思想政治工作仅仅看成是领导对付普通群众的一种办法，那一定会败坏思想政治工作的声誉，一定会把思想政治工作庸俗化。思想政治工作的任务，就是用马克思列宁主义、毛泽东思想、邓小平理论和"三个代表"等重要思想教育广大党员、干部和群众。这里首先强调的是教育广大党员和干部，然后才是广大的群众。这一点必须十分明确。如果这个指导思想明确了，就会首先下功夫做党员、干部的思想政治工作，认真解决他们的思想问题和认识问题。在现阶段，这是我们打开思想政治工作局面非常重要的一环，抓好了这一环，党的思想政治工作才能生气勃勃地向前发展。

（二）深刻理解和掌握马克思主义的实质和基本精神

用马克思列宁主义、毛泽东思想、邓小平理论和"三个代表"等重要思想教育和培养新人，还必须深刻理解和掌握马克思列宁主义、毛泽东思想、邓小平理论和"三个代表"等重要思想的实质和基本精神。列宁把马克思和恩格斯创立的伟大学说，称为科学共产主义思想体系，认为先锋队的重要作用，就是用科学共产主义思想体系教育党员和群众。刘少奇同志把马克思列宁主义与中国革命实践相结合的毛泽东思想，也称为"中国共产主义的理论与实践"。以马克思列宁主义的理论与中国革命的实践相结合，便产生了中国的共产主义——毛泽东思想。所以，我们提出要用马克思列宁主义、毛泽东思想、邓小平理论和"三个代表"等重要思想教育和培养新人，其实质和基本精神就是用共产主义的科学思想体系教育和培养新人。所谓用共产主义的科学思想体系教育和培养社会主义新人，就是用社会主义和共产主义的理想、信念、道德、品质、作风，以及无产阶级的立场、观点、方法来教育和培养新人，马克思列宁主义告诉我们，共产党是无产阶级的先锋队组织，它若不用共产主义的先进思想教育、培养、训练自己的党员，并通过他们去启发和教育广大群众，那它就不配称为先锋队组织。中国共产党遵循了马克思列宁主义的这一基本原则，始终坚持用共产主义思想体系教育党员和干部，并通过他们去教育和影响广大的群众，培养了一代又一代具有社会主义和共产主义精神的新人。如若没有这样一些新人，没有他们前赴后继、流血牺牲的英勇奋斗，党领导的革命和建设事业就不可能取得胜利。早在民主革命时期，我们党就提出了用共产主义精神教育党员、干部和群众，号召要发扬大公无私和先人后己的精神、革命加拼命的精神、严守纪律和自我牺牲的精神、吃苦在前和享受在后的精神，压倒一切敌人和战胜一切困难的精神，以及艰苦创业和排除万难去争取胜利的精神。中国共产党正是用这种共产主义的精神，教育和培养了一大批一不怕苦、二不怕死的英雄人物，保证了民主革命的伟大胜利。在社会主义时期，尤其是在进行四个现代化建设的新时期，我们更是要强调用共产主义精神培育新人。如果不用共产主义精神培育新人，就不会出现一大批为四化建设献身的英雄人物和先进人物，社会主义现代化建设就不会很快搞上去。

有些人认为，在社会主义初级阶段提出用共产主义思想体系教育群众和培养新人，是违反社会发展规律的一种"左"的口号。这种观点忘记了社会主义社会本身就是整个共产主义社会制度的一个组成部分，无产阶级政党在社会主义阶段提出用共产主义思想体系教育群众、培养新人，正是符合历史发展的客观规律，而不是违背了历史发展的客观规律。实现共产主义，这是我们共产党的伟大奋斗目标，是共产党人的崇高理想。共产党人如果不把自己当前的行动和共同理想同崇高的共产主义理想联系起来，那就会陷入"当前的运动就是一切，而最终目的是微不足道的"这个机会主义的思想泥潭中去，因而也就不可能把群众中的各种非无产阶级思想引向无产阶级的轨道。实现共产主义不仅需要物质财富的极大丰富，而且需要群众觉悟的极大提高。如果我们在社会主义阶段不用共产主义思想体系教育群众、培养新人，那怎么能达到群众觉悟的极大提高呢？既然我们现在就大力发展生产力，为将来实现共产主义创造物质条件，那么我们为什么现在不可以用共产主义精神教育群众，为将来实现共产主义创造精神条件呢？应当指出，群众觉悟的极大提高，绝不是一朝一夕的事情，必须经过长期的、顽强的、坚忍不拔的努力才能达到。如果我们在社会主义时期不着手进行这项工作，而等到即将进入共产主义的高级阶段的大门口时才提出用共产主义思想体系教育群众，一下子来一个群众觉悟的极大提高，那是根本不可能办到的事情。更何况，没有共产主义新人，要建成共产主义也是不可能的。

用共产主义思想体系教育群众、培养新人，绝不是说在现阶段就要实行共产主义的政策，这是两个完全不同的概念。在现阶段，如果不顾生产力发展的水平和人民群众的觉悟程度，而实行一系列共产主义政策，那就必然要犯"左"的错误。我们过去曾一度发生过的"左"的错误，并不是由于提出了用共产主义精神和思想教育群众，而是搞了一些超越历史阶段的政策，刮了"共产风"。用共产主义思想体系教育群众和培养新人，这和"刮共产风"是完全不同的两回事，绝不能把二者混为一谈。

用共产主义思想体系教育群众和培养新人，这不仅是将来实现共产主义的需要，而且是新时期实现党的政治任务，建设社会主义的需要。党中央一再指出，既要有高度的物质文明，又要有高度的精神文明。如果我们的党员、干部和人民没有共产主义的远大理想，没有马克思主义的坚定信念，没有一不怕苦、二不怕死的革命精神，那就等于完全解除了思想武装，丧失了精神支柱，那就根本谈不上建设社会主义。过去我们靠共产主义精神创造了伟大的革命业绩，今天实现四化建设大业，仍然要依靠共产主义精神，共产主义思想体系是人类历史上最先进、最科学的思想体系，是无产阶级宝贵的精神财富。我们党用这种精神财富培养新人，有着光荣的传统和成功的经验。我们必须在新时期发扬光大，在这个思想阵地上继续前进。用共产主义思想体系教育群众和培养新人，保证现阶段党的路线、方针、政策的贯彻执行,保证党的政治任务的实现,在现阶段,就是保证党的四化建设任务的实现,这就是思想政治工作的根本任务。

二、思想政治工作的具体任务

为了实现培育社会主义和共产主义新人的根本任务,思想政治工作必须抓住"灌输""转变""调节"等重要环节,坚持这些重要环节的辩证统一。这些重要环节就是思想政治工作的具体任务。

(一) 抓好"灌输"环节,帮助人们提高思想觉悟

向群众"灌输"马克思主义,这是思想政治工作的一项重要任务。所谓"灌输"就是指有领导、有组织地对人们进行马克思主义理论教育。具体来讲,就是在共产党的领导下,有组织有计划地对党员、干部和群众进行马克思列宁主义、毛泽东思想、邓小平理论和"三个代表"等重要思想的教育,使他们的思想政治觉悟不断提高。向工人群众"灌输"马克思主义,即科学共产主义理论,是列宁针对俄国的机会主义者鼓吹工人运动"自发论"而提出来的。后来,人们就把列宁的这一论断简称为"灌输论"。它的基本含义是:工人运动不能自发地产生马克思主义,马克思主义必须由工人阶级的先锋队组织从外部"灌输"进去。这里讲的"灌输",不是指教育方法上的强迫硬灌,而是指有领导的正面教育。如果把列宁提出的"灌输论"理解为强迫硬灌而加以反对,那就曲解了列宁的原意。有人说,"灌输论"在工人阶级夺取政权以前文化程度低的情况下是对的,现在工人阶级不仅成了国家的主人,而且文化程度提高了,可以自学,不必再坚持"灌输论"了。很明显,这种观点实质上认为列宁提出的这个原理已经过时了。我们认为,这个原理是没有过时的。因为文化程度的提高只能为先锋队有领导有组织地进行马克思主义理论教育创造更有利的条件,而不能得出否定有领导有组织地向群众进行教育的结论。也就是说,不能得出取消"灌输"的结论。应该指出,一个人的马克思主义觉悟固然和文化水平有一定的关系,但不能说文化程度高,思想觉悟就一定高。如果说工人文化程度提高了,马克思主义思想觉悟就会自然而然地提高,那就必然得出不再需要向工人"灌输"马克思主义的结论了,这实质是鼓吹"自发论"。坚持这种理论,就会导致取消党的思想政治领导,取消党的政工部门、取消四项基本原则,从而助长资产阶级自由化的泛滥,这是非常危险的、有害的。大量的事实证明,无论在夺取政权以前,还是在革命胜利以后,无论是文化程度低的群众,还是文化程度高的群众,都需要党的思想政治工作,都需要把马克思主义科学思想体系有领导、有组织地灌输到党员、干部和广大群众中去。只要共产党还存在,我们就要坚持向党员、干部和群众灌输马克思主义科学思想

体系的原理，任何时候都不能动摇。现在，确实有一些人不重视对马克思主义理论的学习，甚至说马克思主义已经过时，贬低马克思主义学说，否定马克思主义是普遍真理，而我们一些党组织和思想政治工作人员在这种错误思潮面前却显得软弱无力，不善于理直气壮地、旗帜鲜明地向群众宣传马克思主义学说。资产阶级自由化思潮的一度泛滥，正是坚持马克思主义旗帜不鲜明、态度不坚决的结果。我们要从中吸取教训，应当理直气壮地坚持"灌输"的理论，旗帜鲜明地向群众宣传马克思主义的科学理论。党组织和思想政治工作部门如果做不到这一点，就是失职。

（二）抓好"转变"环节，帮助人们认真改造思想

思想政治工作的过程，就是帮助人们转变思想的过程，也就是"立"和"破"相结合的过程。这里说的转变就是在灌输马克思主义的过程中，积极帮助人们改造思想，克服各种不健康的、错误的思想意识，提高社会主义、共产主义思想觉悟。这是思想政治工作的一项重要任务。毛泽东同志认为，世界观的转变，是一个根本性的转变。世界观是人们对世界总的看法和总的观点。世界观人人都有，不是正确的，就是错误的，或者某些是正确的，某些又是不正确的。在一般情况下，人们往往不是自觉地、系统地掌握着某种世界观，而是自发地、非系统地具有某种世界观。加强思想政治工作，就是要帮助人们自觉地、系统地掌握科学的正确的世界观，也就是马克思主义的世界观，又称无产阶级世界观。辩证唯物主义和历史唯物主义是无产阶级世界观的理论基础，全心全意为人民服务的人生观是无产阶级世界观的核心。帮助人们转变思想，中心问题就是帮助人们转变世界观、人生观，也就是克服形形色色的个人主义人生观，树立全心全意为人民服务的人生观。

世界观和人生观的转变过程，是一个艰苦的思想斗争过程。要清除各种非无产阶级思想，要确立高尚的社会主义和共产主义思想，必然要进行思想斗争。思想政治工作的任务，就是要帮助和引导人们积极正确地开展思想斗争，自觉地进行思想改造，使错误思想转变为正确思想，使非无产阶级思想转变为无产阶级思想。

要积极、正确地进行思想斗争，首先就要正确认识进行思想斗争的必要性和意义。现在，我国仍然处于社会主义初级阶段，由于国际的影响和国内的因素，阶级斗争还将在一定的范围内长期存在，并且在某种条件下还有可能激化。因此，我们必须长期坚定不移地坚持四项基本原则，实行改革、开放、搞活的总方针、总政策，正确地处理各种社会矛盾，在党内生活和社会生活中，坚决克服资本主义思想的腐蚀、封建主义残余思想的影响和官僚主义的遗毒，这是一个艰巨的任务。只有正确解决这个问题，我们的革命队伍才能不断地兴旺和发达起来。所以，党的思想政治工作的任务，就是要引导干部和群众全面贯彻执行十一届三中全会以来的路线，坚决排除资产阶级自由化和思想僵化的错误、影响和干扰，抵制和反对剥削阶级思想的腐蚀。其次，要坚持思想斗争的正确方针、原则和方法，也就是说，要坚持正面教育为主、团结绝大多数的正确方针，要坚持实事求是的原则，要坚持批评与自我批评的方法和说服教育的方法。解决思想矛盾主要靠自我改造。因此，我们应该提倡进行自我思想斗争，鼓励自我批评。当然，批评也是不可缺少的，尤其是当一些人犯了严重的政治原则错误而不能进行自我批评时，更需要开展严肃认真的批评，促使其进行思想斗争。无论是批评还是自我批评，都应该是诚恳的、心平气和的、实事求是的、以理服人的。这样，才能真正促使错误思想向正确思想转变，使人们在积极正确的思想斗争中逐步树立无产阶级的世界观和人生观。

（三）抓好"调节"环节，正确处理人民内部矛盾

在社会主义国家，人民内部人与人之间的关系，是一种新型的同志式的相互合作关系。这种新型的同志关系，是社会主义制度决定的。列宁指出："任何一个新的社会制度都要求人与人之间有新的关系。"社会主义制度下人与人之间关系的特点，就是全体人民内部的团结一致、互助友爱、共同奋斗、并肩前进，这就是我们常说的新型的同志关系。

既然我们国家人民内部人与人之间的关系是互助合作的新型同志关系，那么为什么还要提出调节人与人之间的关系呢？这是因为，社会主义国家人民内部还存在着根本利益一致基础上的某些矛盾。这些人民内部矛盾，主要表现为工农之间的矛盾、领导和群众之间的矛盾、上下级之间的矛盾、群众之间的矛盾等。这些矛盾反映在生产、劳动、工作、学习、生活等社会活动和党内政治生活的过程中。党的思想政治工作的一项重要任务，就是要调节和处理这些矛盾。这里，我们着重谈谈如何调节领导与群众以及群众之间的矛盾问题。

社会主义国家的领导干部，既是人民的公仆，又是革命和建设事业的骨干。这样的领导干部是深得群众信赖、支持和拥护的。然而，在执政的条件下，在长期的和平环境中，一些思想意识不健康的领导干部容易滋长不正之风，其中最主要的就是以权谋私的行为和对人民不负责任的官僚主义作风。这些不正之风，使党的形象严重地脱离了广大群众。这是领导与群众之间产生矛盾的主要原因。党的思想政治工作的主要任务，就是要教育领导干部树立社会主义和共产主义人生观，发扬全心全意为人民服务的精神，纠正领导干部中以权谋私的行为，克服对人民不负责任的官僚主义。同时，也要教育群众正确对待党的领导，把拥护党的

领导和反对某些领导干部的不正之风加以区别,不能借口个别领导干部有以权谋私行为就否定党的领导。只有这样,才能正确处理领导与群众之间的矛盾,调节好他们之间的关系,充分调动干部与群众两个方面的积极性。

在革命队伍内部,除领导和群众之间存在一定的矛盾外,在工农群众之间、知识分子和工农群众之间、一般管理干部和劳动者之间、这一部分群众和那一部分群众之间也存在着矛盾。这些矛盾表现在物质利益关系上,主要是根本利益一致基础上个人所得利益差别上的矛盾;在生产、工作和学习上,主要是先进与后进的矛盾;在思想政治和道德问题上,主要是不同的思想政治观点、道德观念和不同认识上的矛盾。另外,还由于工种不同、岗位不同、地区不同而出现的矛盾,以及邻里关系、同志关系、家庭关系、爱情生活处理不好而出现的矛盾等。思想政治工作的一项重要任务,就是要通过贯彻党的路线、方针和政策,协同有关单位调节人们之间的利益关系,提高人们的思想觉悟和认识能力,正确处理这些矛盾,在人群之间建立起团结、互助、友爱、信任、和谐的新型同志关系,形成一股同心同德、齐心协力进行社会主义现代化建设的强大力量。要看到,我国人民内部的矛盾是在根本利益一致基础上的矛盾,只要采取正确的方针、政策和方法,这些矛盾是能够解决好、调节好的。人与人之间的新型同志关系是能够建立和巩固起来的。当然,原有的矛盾解决了,新的矛盾又会出现,这就要求我们随着情况的变化,及时不断地解决群众之间的矛盾。为此,就要学习社会学和社会心理学,研究人们在特定社会生活条件下的个体心理活动和行为发展变化的规律,了解人们当前的社会心理特点,正确处理人际关系及其矛盾。只要人际关系处理得好,矛盾解决得好,人们之间相处得比较协调、愉快,就有利于革命和建设事业,有利于物质文明和精神文明建设。因此,在做思想政治工作时,一定要重视调节领导和群众,以及群众之间的相互关系,正确处理人民内部的矛盾。这是新时期思想政治工作一项极为重要的任务。

第三节　思想政治工作的基本内容

党的十三届四中全会以后,我们总结了新时期思想政治工作的经验教训,明确提出了调动职工积极性是当前思想政治工作的主要任务,也是整个社会主义时期党的思想政治工作的一项主要任务。为了充分调动广大职工的积极性,推动社会生产力的发展,必须分析当前影响职工积极性的主要因素;必须提出调动职工积极性的有效措施和对策。这些都是当前思想政治工作必须认真解决的问题。

一、调动人的积极性在思想政治工作中的重大意义

要调动广大职工的积极性,首先就应该弄清楚什么是积极性,要调动什么样的积极性。所谓积极性就是指人的自觉能动性在实践中的外在表现,是人的各方面素质在劳动、工作中的综合现实表现。它在本质上反映了人们在思想政治上的精神状态、劳动工作中的基本态度,以及在社会活动中的事业心和责任感。我们所说的调动职工积极性,主要是指调动党员、干部和广大群众从事社会主义革命和建设的积极性。因此,这种积极性必须以服务于社会主义事业为思想基础;必须以实现个人、集体、国家相统一的利益为动力机制;必须以立足本职、爱国爱民、多做贡献、岗位成才为价值取向,而绝不是调动那种背离以上原则的积极性,更不是调动那种"一切向钱看"或损人利己的所谓积极性。

应当看到,在社会主义条件下,大多数职工的积极性,一般不再是一种单纯的由物质刺激出来的简单动机所支配的行为,而是经过净化、升华的思想支配的行为,它是职工主人翁觉悟、政治热情、劳动态度、工作责任感在行为上的综合表现。正是从这个意义上,中央领导同志在中国职工思想政治工作第六届年会上的讲话中说"职工的积极性,是职工的理想、道德、纪律、文化各方面素质的综合的现实的表现"。

党中央提出把调动职工的积极性作为新时期党的思想政治工作的主要任务,不仅有重大的理论意义,而且有重要的现实意义,具体来说,主要表现在以下三个方面。

首先,它坚持和体现了马克思主义的历史唯物论。历史唯物主义认为,人类社会的历史是人民群众的历史,而不是神仙、皇帝和少数英雄豪杰的历史。人民群众在创造历史的过程中,表现出强烈的历史主动性和主观能动性。在我国社会主义现代化建设的新时期,人民群众创造历史的主观能动性,集中表现为实现社会主义现代化的积极性,然而人民群众的这种积极性会受到各种不利因素的干扰和影响,思想政治工作的主要任务就是千方百计排除这些干扰和影响,创造各种有利条件,充分发挥人民群众实现社会主义现代化的积极性。所以,提出思想政治工作的主要任务是调动广大群众的积极性,就抓住了马克思主义唯物历史观最为核心的问题。历史唯物主义还认为,推动历史发展的决定性力量是生产力,而人是生产力中最积极、最活跃、起决定性作用的因素。这里所讲的人,是指掌握一定的劳动技能、科学技术知识和具有一定思想觉悟、道德修养的劳动者。马克思主义告诉我们:人的工作积极性是人的素质的综合外在表现。思想政治工作抓住了调动人的工作积极性问题,就抓住了生产力中人的因素的关键性环节,这样就能保证社会生产力持久、稳步、协调地发展。

其次，它确立了思想政治工作和经济技术工作的最佳结合点。很长时间以来，人们为了克服思想政治工作和经济技术工作的"两张皮"问题，一直在寻找两者的最佳结合点，提出了各种各样的观点。实践证明，抓住调动群众的积极性问题，就抓住了思想政治工作和经济技术工作的最佳结合点。这是因为，调动职工的积极性，既是党的思想政治工作的本质内涵之一和主要任务，又是搞好经济技术工作的关键环节和核心问题。调动积极性把这两项工作从根本上统一起来。他们虽然工作岗位不同，但目标是一致的。政治工作人员和经济技术干部只有同心同德、团结一致，各自从不同的角度采取措施来调动群众的积极性，才能有效地推动社会生产力的发展。同时，也为今后加强、改进思想政治工作和经济技术工作指明了方向。就是说，这两项工作都应在调动群众的积极性上下功夫。这样，就能有效地克服思想政治工作和经济技术工作的"两张皮"现象。

最后，它抓住了当前企事业单位突出的矛盾，对稳定大局和推动事业发展有重大的意义。党的十一届四中全会以来，党中央和国务院曾采取了一系列措施稳定政局，发展经济，整个局势继续朝着好的方向发展。但是，我们面临的政治经济形势还是严峻的，战胜困难的任务还是艰巨的。解决这些问题最根本的方法，还是依靠人民群众，充分调动群众的社会主义积极性。正如毛泽东同志在20世纪60年代初的三年严重困难时期所指出的："不依靠群众，不发动群众和干部的积极性，就不可能克服困难。"然而，人民群众的积极性现在还没有充分发挥出来，很多单位职工的积极性不高，甚至没有积极性，在相当多的企业里，内聚力不强，群众情绪不顺、劲头不足、关系不协调，劳动生产率不高，经济效益不好，甚至出现亏损。这是当前我们搞好企业、提高经济效益的最大问题。我们只有抓住调动职工积极性这个根本的问题，才能把企业的巨大潜力进一步发掘出来，实现我国经济的持续、稳定、协调发展，使社会主义事业的稳定和发展建立在牢固基础上。

二、当前职工积极性的基本态势和影响积极性的原因

职工积极性是一个较为复杂的社会现象，对这个问题必须进行科学的分析，这样才能正确地把握和做好调动群众积极性的工作。这里所讲的"科学分析"，主要是指要辩证地、本质地、历史地进行分析。所谓辩证地分析，就是指既要看到积极性发挥得普遍较差的一面，又要看到蕴藏着很大的潜在的积极性的一面；既要看到职工思想中的消极因素，又要看到职工思想中的主流；既要从全国总体上把握人民群众实现现代化的积极性，又要从本行业、本地区、本单位观察广大职工生产劳动的积极性。所谓本质地分析，就是指对群众积极性的主流和本质要给以充分的估计和肯定。虽然有部分群众经常埋怨和发牢骚，但他们本质上是希望

领导采取措施发挥他们的积极性,为现代化事业多做些贡献;虽然某些愤懑的心态影响了积极性的发挥,但不少人是以社会主义的价值观看待社会上的弊端,希望通过改革加以解决;虽然某些单位群众的积极性在不断下降,但从长远看,职工的积极性随着现代化事业的发展必然呈现不断上升的趋势。所谓历史地分析,就是指积极性在不同的年代和历史条件下有着不同的表现形态和特征。虽然我国职工的积极性相对20世纪五六十年代有较大落差,但在进行这种纵向对比时,应实事求是地分析两个不同时期的特定历史条件和环境,不能简单地得出"今不如昔"的结论。比如,现在有的人积极性不高,过分重视运用金钱来调动积极性,短期行为特别严重,然而也有相当一部分人,其积极性并不是用"报恩"和朴素的感情来支撑,而是经过鉴别和考验之后建立在对社会主义事业的科学信仰的基础之上。

应当看到,在国际风云变化和国内面临很多困难的情况下,企业、事业单位的确有一部分职工的积极性不高或者没有充分发挥出来。影响这些职工积极性的原因是多方面的,其中主要有以下四个方面。

1. 在相当一部分职工中存在着主人翁地位的失落感

这种失落感主要表现:一是政治上的失落感。前些年,各级人民代表大会中产业工人的比例越来越低;宣传舆论上产业工人的先进形象越来越少;产业工人入党、提干越来越难,这些严重地伤害了产业工人的感情。二是经济地位上的失落感。这主要是社会分配不公,使一线的不少产业工人产生了"干国营的不如干集体的、干集体的不如干个体的"的失衡心态和压抑情绪,没有当工人的自豪感和光荣感。三是民主权利上的失落。这主要是实行厂长负责制以后,一些人不能全心全意依靠工人阶级和不尊重职工民主权利,使很多人把自己看成是"为厂长干活、挣钱养家糊口"的雇佣劳动者。由于职工产生了这些失落感,他们的主人翁意识淡化甚至丧失,因而在劳动和工作中就缺乏积极性和主动性。

2. 不少职工对纠正不正之风缺乏信心,干群关系不正常

十二大以后,党中央在整党中提出争取五年实现党风根本好转。但已经过去很多年了,还没有实现党风的根本好转。尤其是有些实行行政首长负责制的单位,管理者常常对职工动辄进行训斥、扣罚,有的领导以权谋私、搞特殊化,或用公款旅游、请客送礼、大吃大喝,或拉关系、走后门、搞小宗派,或搞官僚主义,不管职工的疾苦,甚至"同民争利",损害群众的利益等。这些不正之风使干群关系紧张,使职工心气不顺、情绪不振,做什么都觉得"没劲""没意思",积极性难以发挥出来。

3. 部分职工的思想素质不高,社会主义信念产生动摇

从总体上讲,我国职工的思想素质还是比较高的,因而在多次风浪中经受住

了严峻的考验，保证了我国的政治稳定、经济的不断增长和综合国力的提高。但是，职工队伍中确有相当一部分人思想素质不够高，主要表现在以下三个方面：一是心理素质不好。很多人的心理不健康，逆反心理、偏激心理、嫉妒心理、奢侈心理、崇洋媚外心理越来越严重；二是精神世界污染。有些人过去受十年"文化大革命"动乱时"左"的思潮毒害，后面又受资产阶级自由化思潮的污染，西方的民主观、自由观、人权观、价值观侵蚀了这部分人的头脑。尤其是西方价值观中的个人主义和拜金主义对人们的毒害更大。三是理想信念产生动摇。由于西方国家加紧推行"和平演变""颜色革命"战略，苏联和东欧国家剧变，加之资产自由化泛滥时散布的流毒尚未肃清，这就使一些人对社会主义、共产主义的信念产生动摇。比如，有人说，东欧的社会主义旗帜倒了，苏联的社会主义旗帜也倒了，中国的社会主义红旗究竟还能举多久？也有人说，长期亏损的企业包给了私人，一下子就赢利了，究竟公有制好还是私有制好？还有人散布：共产主义理想是远的，无产阶级政治是空的，业务技术是硬的，黄金钞票是实的，应该不想远的，丢掉空的，掌握硬的，大捞实的……这些情况都说明，一些人对社会主义、共产主义的信仰的确已经动摇。在这种思想状况下，怎么能产生和发挥社会主义的积极性呢？这就是一些人积极性不高的深层次思想根源。

4. 社会分配不公和利益分配不合理，这是影响职工积极性发挥的重要原因

近二十多年来，我们改革分配制度和分配形式，目的是克服平均主义，调动人们的积极性。然而由于种种原因，社会上又出现了分配不公和利益分配不合理的现象。比如在工资、奖金的分配上，有些生产部门不如流通部门；有些国营企业不如集体企业；有些国营、集体企业不如私人和个体企业，特别是社会上一些"不三不四的人把钱捞"，对职工的积极性影响更大。另外，企业内部的分配也有不透明、不公平等现象。有些领导人奖金多拿、升级先要、房子先分，其收入与一线职工和科技人员的差距过大，严重挫伤了群众的积极性。

以上四个方面，都是影响群众积极性发挥的主要原因，并且往往都同党的领导软弱涣散、思想政治工作削弱、社会舆论导向失误、国际环境发生巨大变化，以及一些企业民主管理差、经济效益不好等各种因素密切相联系；同时，也和人们认识上的片面性、极端性、爱发牢骚和喜欢议论社会上的消极因素密切相关。所以，影响群众积极性的因素，既有客观因素，也有主观因素，是主客观因素综合影响的不良结果。

三、调动职工积极性的措施和对策

既然影响群众积极性的因素是多方面的，那么，做好调动群众积极性的工作必须综合考虑，并从多方面采取措施和对策加以解决。应采取的措施和对策概括

来讲，主要有以下四个方面。

1. 采取有效措施激励职工积极性，尽力帮助其实现需要

现代管理学认为，产生积极性的一个重要原因是人的需要。而人需要什么和如何实现自己的需要，受生产力发展水平和各自在生产关系中所处地位的制约和影响。在现阶段，职工的需要是多种多样的，我们应根据现有的条件，尽力满足他们的需要。这是从内因激发他们积极性的重要措施。据对部分大中型企业调查，职工的多种多样需要中最基本的有这三种：其一，是物质生活的需要，也就是吃、穿、住、行、用等物质消费资料的需要。这是人们最起码的生存需要。如果这种生存需要得不到满足，就根本谈不上调动他们的积极性。所以，要调动职工的积极性，一定要遵循毛泽东同志所指出的"对被领导者给以物质福利，至少不损害其利益"的原则。其二，是精神生活的需要，也就是人们对幸福生活追求、文化生活的享受，被理解、尊重、信任的要求，以及社会责任心、个人事业心和做人良心的需求等。这种精神生活的需要，是人类区别于动物的主要特点。要调动人们的积极性，不仅要帮助人们尽力实现物质生活的需要，而且更要积极帮助人们努力实现精神生活的需要，并且从低层次精神生活的需要逐渐引导到高层次精神生活的需要，也就是对社会主义和共产主义理想信仰的追求。其三，是劳动和社会交往的需要。劳动是劳动者的一种本质需要，一个人若失去了劳动和工作的权利，那是最大的痛苦。我们要调动职工的积极性，必须尊重他们的劳动权利，尽力创造条件把他们安排在最合适的岗位上，使其各尽所能，充分发挥自己的聪明才智。在现代社会里，人们在劳动和工作中的社会交往需要越来越强烈、迫切，要求有一个安全、团结、和谐的环境，希望建立一个平等、民主、互助、合作的同志式关系。实践证明，创造各种条件来帮助人们实现文明、健康的社会交往，是调动群众积极性的一个非常重要的环节，必须认真解决好这个问题。

2. 切实解决好影响群众积极性的外部因素，创造一个良好的外部环境

要把群众的积极性调动起来，必须给他们创造一个良好的外部环境。这样，才能把群众潜在的主观能动性和已有的积极性充分发挥出来。如果群众有了积极性，又有了发挥积极性的各种技能，而没给他们创造和提供良好的条件，那么，他们的积极性就会受到抑制。久而久之，就会变得心理扭曲、思想麻木、行为失常。这对社会主义事业是极为不利的。

创造良好的外部环境，主要应做好四个方面的工作：一是创造良好的社会舆论环境。也就是说，我们的报纸、期刊、广播、电视、电影等宣传工具，要创造一个激励人们积极上进的社会舆论，而不是到处散布消极悲观情绪。二是创造良好的社会风气，使各行各业的人们互相关心、互相帮助、互相竞赛、团结友爱、心情舒畅，而不是互相嫉妒、互相拆台、坑蒙拐骗、敲诈勒索。三是创造良好的

社会秩序，使人们的学习、工作和社会活动，在政治稳定、经济繁荣、治安良好的正常秩序下进行，而不是在社会动乱和无组织、无纪律的无政府主义状态下进行。四是建立合理的分配机制，决不能让"不三不四的人把钱捞"；要加强科学的民主管理，坚持克服官僚主义、命令主义和封建家长制；要认真搞好干群关系，正确贯彻党的路线、方针、政策等。这些都是调动群众积极性不可缺少的外部条件。

3. 真心实意地相信和依靠群众，切实保障职工的主人翁地位

针对职工中存在着主人翁地位失落感的思想状况，应着重解决好三个方面的问题：一是在政治上，要确保职工真正当家做主。首先，领导干部要在思想上牢固树立"党的干部是人民的公仆"的观念，真心实意地相信群众和依靠群众。其次，要健全职代会等民主管理制度，严格按照民主程序办事，让职工有家可当、有主会做、大事能定。凡涉及本单位生存发展之大计，职工必须参与决策；人、财、物方面的一切重大问题都要广泛征求职工意见，由职代会审议通过。群众只有在真正行使民主权利的实践中，才能实实在在地感到自己是主人。最后，要注意在工人中选拔培养干部，要重视在一线工人中发展党员，这是政治上保证工人阶级主人翁地位的重要组织措施。二是在经济上，使物质利益的分配尽可能地公平合理。要多想职工尤其是一线工人和作出贡献的科技人员。从奖金分配到工资调整，从住房安排到其他福利待遇，都要注意这个问题。三是在社会活动上，使职工有当家做主的自豪感和光荣感。比如，重大社会活动"让工人群众坐前排"，并有公开演讲发表意见的机会；重要社会组织中"有工人优秀代表参加和领导"，切实体现工人阶级是领导阶级。实践证明，只要职工亲身感受到自己的确是国家的主人翁，那么，他们就会自觉地发挥建设社会主义的积极性，不断地把潜在的主观能动性和精神潜能释放出来，成为革命和建设的强大动力。

4. 要大力加强和改进思想政治工作，充分发挥领导干部的表率作用

加强和改进思想政治工作是调动群众积极性的一项根本性措施。人们的思想是复杂多变的。人们的思想构成层次，包括感知层、心理层、观念层和人生观层。这些都同人们的积极性有密切关系。要有效地调动群众的积极性，必须依据不同人的觉悟程度进行，还注意每个人的个性心理特征，由低到高，逐步解决他们的思想问题。既要提高他们的文化知识素质，又要培养他们的健康心理，这里最重要的还是提高群众的思想政治素质，在人生观、世界观上下功夫。提高思想政治素质要抓好三个方面的教育：一是抓好正确对待个人、集体、国家三者利益的教育，努力克服个人主义和拜金主义的资产阶级价值观；二是抓好社会主义道德的教育，树立爱祖国、爱人民、爱劳动、爱科学、爱社会主义的崇高道德；三是抓好基本国情、基本路线和基本理论的教育，解决党员、干部和群众深层次的思想

问题，树立社会主义和共产主义必胜的信念和信心。这是调动人们积极性起长远作用的问题。

思想政治工作必须坚持身教与言教相结合和身教重于言教的原则。这个问题在执政条件下尤为重要。各级领导干部要以自己的模范行为和表率作用，影响和激励群众，在工资、奖金、职称、住房等涉及群众利益的敏感问题上发扬奉献精神，这是当前调动群众的积极性首先应该解决，而且必须下功夫解决的问题。在领导干部的模范行为和表率作用方面，有四个方面至关重要：一是抓廉政，赢民心；二是抓勤政，稳民心；三是抓作风，顺民心；四是抓实事，得民心。在这四个方面，要"一级带着一级干，一级做给一级看"，这样才会在工作中见实效，才能从根本上调动广大群众建设社会主义的积极性。

第三章 思想政治工作的途径和方法

第一节 思想政治工作的主要途径

一、马克思主义理论教育

对广大群众进行马克思主义理论教育，是思想政治工作的主要任务之一，也是重要的途径。这是因为思想政治工作最根本的目的是要解决人们的世界观问题，而马克思主义正是唯一科学的世界观和方法论，是反映客观世界发展规律的科学的思想体系。只有掌握了它，才真正获得正确观察世界、认识世界、改造世界的强大思想武器，才能遵循客观世界发展的规律，对所遇到的一切纷繁芜杂的问题作出正确的分析和判断，得出正确的结论，指导自己的思想和行动。所以，只有十分重视马克思主义理论的教育，才能从根本上提高人们的思想水平和觉悟程度。

坚持马克思主义理论教育，最重要的是要组织人们认真学习马克思主义，首先是要求广大党员和党的各级领导干部要坚持不懈地学习，真正掌握马克思主义的立场、观点和方法，弄懂马克思主义的基本原理。只有这样，才能提高理论素养，不致在复杂的斗争中迷失方向。为此，要建立、健全并坚持干部学习马克思主义理论的制度，要大力提倡阅读经典著作，规定干部必读的书目。如果我们有了一大批具有马克思主义理论素养的干部，我国的社会主义现代化建设事业就大有希望。同时，要坚持开展对职工进行系统共产主义教育，提高广大职工的思想理论水平和政治素质。

要充分发挥马克思主义理论教育这一途径的重要作用，必须认真贯彻理论联系实际的原则。首先，要有一个对待马克思主义的正确态度，即一要坚持，二要发展的态度。对马克思主义的基本原理，它的立场、观点、方法，一定要坚持，因为它是经过革命实践检验的真理，是不能违背的，违背它就会走弯路。要坚持马克思主义的基本原理，就必须完整、准确地把握马克思主义的科学体系，划清马克思主义的基本原理和革命领袖的个别结论的界限。马克思主义的基本原理，为社会主义革命和建设指明了方向，但在社会主义革命是"数国同时胜利"还是"一国首先胜利"、社会主义经济是产品经济还是商品经济等具体问题上，革命导师不可能都准确无误地作出预测。这些个别结论经过实践检验后，加以充实和发展，是很自然的事，不仅不违背无产阶级革命和无产阶级专政等基本原理，而且，这正是它在理论上的彻底性的表现，也是它保持旺盛生命力的原因所在。可见，坚持是发展的前提和基础，发展是坚持的必然趋势。二者是互为目的、互为因果的。马克思主义不是教条，而是行动的指南；它是发展的科学，而不是终极的真理，它是随着国际共产主义运动的发展而发展的，永远不会停留在一个水平上。因此，那些看到社会主义实践中出现了某些与马克思主义创始人当初的具体设想不尽相同的新情况，便认为马克思主义"过时了"的观点，都显然是错误的。

贯彻理论联系实际的方针，要把马克思主义的基本原理同中国特色社会主义现代化建设的实际紧密结合。理论如果脱离了实际，也就失去了它的价值，起不到教育和指导的作用。在学习理论时，首先要强调掌握理论，这样，联系实际才有武器；同时，又要联系实际，这样才能加深对理论的理解，但归根到底，学习的目的全在于应用，目前，就是要应用它来解决建设有中国特色的社会主义中遇到的各种问题。用马克思主义的基本原理做指导，对现代化建设中出现的新情况、新问题进行理论的探讨，做出科学的有说服力的回答，这是思想政治工作人员应尽的责任和光荣的使命。在这方面做出努力，就是为坚持和发展马克思主义做出贡献。

贯彻理论联系实际的原则，必须帮助人们树立崇高的理想和坚定的信念。坚持马克思主义理论教育的根本目的，在于引导人们树立科学的理想和信念。因此，必须在理论和实际的统一中，使人们认清社会发展的客观规律，认清共产主义代替资本主义是历史的必然，从而逐步树立起坚定的共产主义信念和为共产主义奋斗终生的崇高理想。为此，要把远大理想和现实目标统一起来，使马克思主义理论教育符合不同层次的人的思想实际，取得较好的效果。

马克思主义指导着我们社会主义革命和建设的各个领域，指导着我们社会主义的全部意识形态，离开了它，在重大理论性、原则性问题上就会出现混乱，科学文化事业的繁荣和发展就会偏离正确方向，青少年一代的健康成长就会受到影响，社会主义物质文明和精神文明都不可能建成。思想政治工作人员应该意识到自己的责任，自觉坚持马克思主义的理论阵地，为宣传马克思主义，对广大群众进行马克思主义理论教育做出贡献。

二、结合各项业务工作进行思想政治工作

在我国的社会主义建设中，各行各业都有自己的学问和事业。人们对自己所从事的某项事业、所研究的某门学问、所学的某个专业学科，都可称之为自己的业务。思想政治工作结合各项业务工作来进行，既是思想政治工作的主要途径，又是它的一个显著特征。

第一，从思想政治工作的作用看，它要调动人们的社会主义积极性，保证各项业务工作的顺利开展和胜利完成，因此，它不可能离开各项业务工作去孤立地进行。党在一定的历史时期，都有特定的中心任务要完成，不论是革命战争时期还是经济建设时期，都可以把它分解为业务工作和政治工作两大类。战争年代，政治工作只有结合军事工作一道去做，才能保证革命战争取得胜利；建设时期，政治工作只有结合经济工作和各项业务工作一道进行，才能保证社会主义现代化建设的顺利发展，促进社会生产力的不断提高。思想政治工作只有结合各项业务工作来进行，才能起到思想领先的作用，否则就等于"魂不附体"，灵魂脱离了躯干，就起不了任何作用。在"文化大革命"的十年期间，把政治和业务对立起来，把政治工作凌驾于各项业务之上，可以"冲击一切"，把抓生产和业务视为"唯生产力论""白专道路"，结果对社会主义事业造成了巨大的损失，带来了严重的危害。历史的教训值得汲取。必须反对把思想政治工作和各项业务工作对立起来、分离开来等现象，学会结合各项业务工作去做好思想政治工作的本领，这就为思想政治工作打开了广阔的天地。

第二，各项业务工作都具有一定的教育性。这是思想政治工作和各项业务工作结合起来进行的又一根据。思想政治工作和经济工作、技术工作等业务工作是相互渗透、相互配合的。做经济工作的必须遵循经济发展的客观规律，贯彻执行党和国家关于经济工作的各项方针政策。搞工程建设的必须采取科学态度，严格按照设计方案和操作规程施工，保证工程质量和施工安全。学校开设的各门课程也都有教育性，社会科学方面课程的思想性、教育性自不必说，即使是自然科学方面的课程，也无不体现了辩证唯物主义的观点和方法，同样富有教育性。关键在于教育者善于利用各项业务工作中的教育性，紧密结合业务工作去开展思想政治工作。

第三，人们的思想政治工作问题，往往产生在业务工作的过程中。人们的主要精力是在从事各自的事业，思想问题等实际问题大量产生在业务工作中，或者跟业务工作密切相关。在业务工作中常常具体体现人们的事业心、责任感、工作态度、协作精神和业务水平等。如有的工人因在生产中追求数量而不注意产品质量或不注意节约能源、原材料；有的教师对于教学和科研工作的关系处理不当；

各行各业都会遇到改革与守旧的矛盾等。只有深入具体业务工作中去,才能发现问题,较好地解决这些问题,提高人们的思想觉悟,激发人们的社会主义积极性。这样我们的思想政治工作才能落到实处、收到实效。

三、参加社会实践

组织和引导群众广泛参加各项社会主义实践活动,这是思想政治工作的一个极为重要的有效途径。这是因为:

第一,人的正确思想只能来自社会实践,马克思主义认识论认为,人们的认识总是在"实践—认识—再实践""感性—理性—感性"的循环往复过程中,不断得到提高的。思想政治工作必须遵循认识的规律,除结合各行各业的业务实践去进行外,还应当变封闭型为开放型,善于组织和引导群众参加其他有关的各项社会实践活动。社会实践是一个大课堂,人们通过社会实践可以获得大量的感性认识,这就为提高他们的理性认识创造了有利条件,打下了坚实的基础,思想政治工作要做到理论联系实际,而社会实践则是理论联系实际的重要渠道。虽然人们不可能事事亲身实践,很多知识可以通过书本的学习而间接获得。但是,要有真知灼见,要使书本知识这种不完全的知识变成完全的知识,却非得参加变革现实的社会实践不可。

第二,思想政治工作要服务于社会实践,思想政治工作要引导人们树立全心全意为人民服务的思想,增强人们的社会责任感。只有组织人们参加社会实践,在为社会服务之中,才能得到亲身体验,不仅从多侧面加深对社会的了解,而且培养了为社会服务的能力,从而增强社会责任感,提高对社会的适应能力。

第三,实践是检验真理的唯一标准,也是检验思想政治工作成效的最好场所和尺度。人们通过亲身实践,使获得的理性认识得到检验,不全面的发展得以全面,不正确的得以纠正,在实践中取得切身感受,从而改变思想感情,使原有的认识得到升华,正确的认识更加深刻、牢固。

总之,参加社会实践,加强与社会实际生活的联系,对于陶冶人们关心祖国的命运、关心四化大业的高尚情操,提高人们的思想觉悟和认识水平,增强对党的路线、方针和政策的理解,都有重要意义。社会实践必然使人们在改造客观世界的过程中,不断地改造自己的主观世界,改造主观世界同客观世界的关系,改造自己的认识能力,逐步向社会主义、共产主义新人的目标迈进。

要充分发挥社会实践的教育作用,必须对知识青年和工农青年提出不同的要求。知识青年有较多的书本知识,但缺乏社会生活经验和实践根基,因而他们的理论知识难免肤浅和片面,理论知识离实际能力就有很大的距离。引导他们参加社会实践,便成为促进他们健康成长,成为适应四化建设需要的有用人才的必由之路。应当教育和组织他们经常参加社会实践,坚持长期地深入社会生活,在实践中了解社会、服务社会,把书本知识同经济建设、科学实验、民主与法制建设和其他事业结合起来,同人民群众创造新生活的火热斗争结合起来,提高自己各方面的能力,真正学会运用马克思主义基本理论和科学文化知识,去解决社会主义现代化建设中的各种实际问题,同时,坚定为人民服务、为现代化建设服务的正确方向。对于工农青年,通过社会实践,一是领导他们服务社会,培养为人民服务的思想品德;二是引导他们开阔眼界,激发开拓、创新的精神;三是引导他们追求科学,追求真理,在实践中加强学习,总结经验,提高科学文化水平和思想政治觉悟。

要充分发挥社会实践的教育作用,必须精心组织,周密安排,加强指导。参加社会实践前应有合理的计划和具体的布置,全部活动要把教育目的放在首位并贯彻始终,指导社会实践活动要注意发挥群众的主动性、积极性,尊重群众的首创精神,增强群众的主人翁责任感,活动告一段落要及时总结,巩固和提高大家的收获,引导社会实践更加深入地开展。

四、党、团、群众组织的日常思想政治工作

党、团、群众组织所开展的思想政治工作是经常、大量的,在思想政治工作中占有重要的位置,是进行思想政治工作的又一重要途径。

搞好党的思想建设,不仅是搞好整个执政党的建设的基础和中心环节,而且是搞好全部思想政治工作的关键。一方面,通过党性、党风、党纪的教育,可以不断地提高广大党员素质,要求党员在政治上、思想上与党中央保持一致,坚持贯彻执行党的路线、方针和政策,为实现党的总任务而奋斗,并以优良的党风来促进整个社会风气的根本好转,以共产党员的模范行为来影响和带动广大人民群众,共同为实现党的总任务而奋斗。另一方面,通过加强党的思想建设,使党的各级干部提高对加强党的思想政治工作的认识,从各种行政事务中解放出来,把主要的时间和精力用于思想政治工作,并教育广大党员、干部密切联系群众,关心群众,同群众交朋友,切实帮助群众解决生活和工作中的实际困难和问题。要通过党的发展建设股工作,办业余党校,组织党章学习小组、理论学习小组,大力培养积极分子,并通过他们去做广大群众的思想政治工作。要加强对共青团、工会、妇联等的组织领导,通过他们去广泛开展多种形式的思想政治教育活动。

加强对职工的思想政治教育和文化技术教育,建设一支有理想、有道德、有文化、有纪律的职工队伍,这是新时期工会工作的方针和基本任务之一。各级工会除维护职工当家做主的民主权利和他们的切身利益外,要把工会办成共产主义学校,做好职工的思想政治工作,充分发挥工人阶级在两个文明建设中的主力军

作用。要过好工会组织生活，对职工进行马克思主义理论教育。还可以举办各种读书班，开展文化教育、法制教育等。大力表彰职工中的先进集体和个人，使更多的职工学有楷模、做有榜样。这一切都可以提高职工的思想素质。

共产主义理想的实现，需要一代又一代人的努力。青年处在承前启后的位置，真正建立共产主义社会制度的任务要由他们来承担。这就必须通过共青团去团结广大青年，对他们进行训练、教育，使他们逐步树立起科学的世界观和为共产主义而奋斗的坚定信念。团组织对青年的教育要注意青年的特点，要通过各种生动和丰富多彩的活动，达到教育的目的。创优争先，做合格团员，以及开展读书、歌咏、演讲比赛等活动，都是易于为青年所接受的可取的教育形式。团组织要随时注意向党组织推荐思想觉悟高、工作成绩突出的团员作为党组织的发展对象，为党组织不断输送人才，也为广大团员树立榜样。

学生会、研究生会要成为党组织和学校领导联系全体学生的纽带。学生会、研究生会要在党组织和学校领导的关怀下，在学校共青团组织的指导和帮助下，维护广大学生的利益，为广大学生服务，要积极开展健康有益的课外活动，促进全体同学德智体美劳全面发展。

五、寓教于学、寓教于乐

寓教于学、寓教于乐这一思想政治工作的途径被广泛应用于实践，其显著特点是易接受性。它是在"寓"字上下功夫，把思想政治工作寓于科学文化知识教育和各种文化娱乐活动之中，使人们在潜移默化中受到熏陶和启迪，避免产生硬灌输，它适用于学校，也适用于工厂、农村、机关、部队和街道，不仅容易为广大青少年所接受，也容易为中老年人所欢迎。它体现着鲜明的时代性，对于造就社会主义新人，推动社会主义精神文明建设，帮助人们科学致富等都有重要的作用和意义。

第二节 思想政治工作的科学方法

做好思想政治工作，除了遵循客观规律，坚持正确的方针和原则，还要讲究工作方法，有了科学而又灵活多样的方法，就能使思想政治工作更加具有说服力、感染力、吸引力，更好地发挥思想政治工作的强大威力。

思想政治工作的方法很多，这里着重提出下列七种，在具体应用时，应根据不同的对象和条件而有所区别。

第三章 思想政治工作的途径和方法

一、说理引导的方法

说理引导是一种经常性的最基本的思想政治工作方法，主要就是用马克思主义的原理，循循善诱，耐心地说服教育人，启迪人的心灵，把那些不正确的思想和言行，引导到正确的轨道上来。这种方法是以相信群众、依靠群众、尊重群众为前提的，是坚持疏导方针的具体表现。

思想政治工作所要解决的思想性质的问题，一般都是人民内部矛盾，而人民内部矛盾，只能说服，不能压服；只能说理引导，不能强迫命令，正如毛泽东同志所说："企图用行政命令的方法，用强制的方法解决思想问题、是非问题，不但没有效力，而且是有害的。"历史经验告诉我们，对思想性质的问题，以"大批判开路"，抓辫子、打棍子、戴帽子的错误方法，只能伤害同志，挫伤人们的积极性，使党的事业蒙受损失，并不能达到教育的目的。实践向我们反复证明，只有坚持说理引导，才能正确解决各种人民内部矛盾，把人民群众紧密地团结在党和政府的周围，同心同德地为四个现代化而奋斗。在采用说理引导的方法时，必须注意以下三个方面的问题。

第一，在讲清马克思主义原理时要与人们的思想实际相结合。人的思想问题都不是凭空产生的，而是产生于实际生活之中，因此，脱离实际，无的放矢，只讲一些大道理是不行的，必须联系他们的思想实际，讲出他们想听之理，讲清他们要知之理。否则，理论一大篇，对解决他们的实际思想问题没有帮助，他们就难免产生厌烦情绪。这就是说，说理一定要有针对性，说理一定要打动人们的心灵，才有好的收效。

第二，要采取民主的方法、讨论的方法，也就是教育者要把自己放在与受教育者平等的地位，允许受教育者把自己的思想认识充分讲出来，与其共同讨论，在讨论中加以引导，决不能一听到错误的观点、不同的意见就进行堵塞，更不能随便把思想认识问题上纲上线，简单地予以压制和反驳。列宁说："我们不赞成的只有一点，那就是强制的成分，我们不赞成用棍子把人赶上天堂。"错误的思想只有为正确的思想所征服，才能得到改正。压服，只能是压而不服，或者是口服心不服，并不是真正解决了问题。在人们对自己错误思想的认识过程中，还应该耐心地等待，解决思想问题要有一个过程，要允许受教育者思想有反复，在反复中不断耐心引导。同时，教育者在实施引导的过程中，要善于发现受教育者的微小进步，充分肯定其认识中的合理部分。只要教育者说得在理、引导得法，受教育者就会心悦诚服，服从真理。

第三，"事实胜于雄辩。"要摆事实、讲道理，用事实说话，寓理于事实之中，缺乏事实为依据的道理是苍白无力的，离开事实或违背事实讲道理，会使人们反感。反之，群众对事实充分、生动有力的思想政治工作却非常有兴趣。例如，英雄人物讲理想、作人生价值的报告，就常使他们心灵受到极大的震动，激动不已，原因也就在于此。

二、比较鉴别的方法

比较鉴别的方法，就是将两个对象、两个事物之间的异同和特点进行比较，通过比较引出正确的判断，得出正确的结论，从而提高人们的思想觉悟和认识水平的方法。常言说，有比较才能有鉴别。将两个事物之间的异同点和特点进行比较，通过比较引出正确的判断，得出正确的结论，从而提高人们的思想觉悟和认识水平。这种方法为人们在生活、工作，以及科学研究中普遍使用，也是思想政治工作中最为有效的方法之一。

客观事物总是存在着矛盾和差异的，真、善、美与假、丑、恶也总是相比较而存在的。有比较才能有鉴别。两个事物之间的差别通过比较，优劣好坏就会明显地摆在人们面前，这样对事物本质的认识，也就一目了然了，从而受到教育。这就是我们强调比较鉴别方法的原因所在。

比较鉴别的方法大体可以分为两大类，也就是异质比和同质比两类。

1. 异质比

异质比有两种情况，一是把在不同时期内的两种本质不同的事物进行比较，通过比较加深对客观事物的了解和认识，比如把中华人民共和国成立前后的新旧社会拿来比较就属于这种情况。这种比较对激发人们热爱共产党、热爱社会主义祖国，不管过去、现在还是未来都有很大的教育意义。例如我们常说的"没有共产党就没有新中国"就是人们在这种比较中得出的结论。二是把两种不同空间的本质不同的事物加以比较，从中得出正确的认识。这两种方法现在用得最多的就是把我们国家同西方资本主义国家相比较，通过比较，使我们一方面看到西方发达资本主义国家虽然社会制度和我国不同，但有很多科学技术和管理方法却比我们先进，有些文化也值得我们学习和借鉴，从而加深我们对党的对外开放政策的正确理解，激发我们奋起直追，努力学习别人的先进之处；另一方面也使我们看到资本主义社会的很多丑恶腐朽的东西，从而更加深刻地认识资本主义思想体系和资本主义制度的本质，由于社会制度不同，西方发达资本主义国家发展到目前的水平，是搞了几百年的时间；而中国才只用了几十年的时间就发展到目前的水平，日后随着社会主义制度优越性的进一步发挥，两个文明建设的速度还会更快。通过这样的比较，就能更加热爱我们的党、热爱我们的祖国、热爱我们的社会主义制度。

2. 同质比

同质比也有两种情况：

一是把两个处在不同历史时期的本质相同的事物的差异进行比较。这两种比较就时间来讲也可谓纵比，但事物的本质相同，例如把党的十一届三中全会以来与三中全会以前相比，通过算账对比的方法，使大家清楚地看到，由于拨乱反正和工作重点的转移，我国的社会主义建设发展更快了，人民群众的生活水平也得到了较快的提高，从而使人们进一步增强了贯彻执行党的现行路线、方针和政策的自觉性，坚定了改革的信念，调动了社会主义建设的积极性。

二是把本质相同的同一类别的两个事物，在同一时期内表现出来的差异进行比较，通过比较，使这种差异充分地显示出来，引起大家深思，受到激励。比如很多高校的大学生听了英模的先进事迹报告后，认识到战斗在保卫祖国前线的战士之所以一心想的是"亏了我一个，幸福十亿人"，就是因为战士们正确地理解了人生观和人生价值观的问题，而他们自己却没有解决好或没有完全解决好这个问题，所以有这样那样的思想问题，从而找出了差距，提高了思想觉悟，激发了学习的热情。

采用比较鉴别的方法要做到以下两点：

第一，要实事求是全面综合地进行比较。

只有实事求是才能说服人、教育人；只有全面综合地进行比较，才不至于出现片面性，否定一切或肯定一切。拿中国和西方资本主义国家相比时，别人比我们先进的地方，如某些科学技术和管理经验，就要承认它先进，只有这样，才会花大力气去学习对我们有用的东西；我们比别人先进的地方，如社会制度及适合我国国情的一系列方针、政策，也要理直气壮地告诉人们，只有这样，才能增强我们的民族自豪感，才能更加热爱自己的祖国。同样，对于资本主义国家不好的东西，我们就要坚决摒弃；我们比别人落后之处也要承认落后，社会主义制度也需要完善，实事求是承认落后、分析落后的历史原因，就会对群众起到一种激励、动员的作用，使大家一同努力去改变落后。这本身就是一种很好的教育。

第二，要采取多种形式。

比较鉴别法不只是说理，还可以采用文字、图表、图画等多种形式，做到更加直观和生动，一目了然，更易于被群众理解和接受，收到更好的效果。

三、树立榜样、典型示范的方法

树立可以作为人们言行表率和楷模的榜样，给人们以鼓舞、教育和鞭策，激励人们奋发向前，这也是有效地开展思想政治工作的一种方法。用先进的典型为榜样，以典型人物的先进思想、先进事迹来教育群众，提高群众的思想认识和思想觉悟，也就是树立榜样，典型示范的方法。人们常说榜样的力量是无穷的。先进人物走在时代的前列,体现时代精神,反映了历史发展的方向,他们的事迹很有说服力,可以激励、感召、引导人们奋发向上,对于端正党风,促进社会风气的根本好转,促进改革和两个文明的建设,都具有深刻的教育意义和生动的教育作用,是推动历史前进的巨大力量。

怎样才能运用好榜样示范这一方法呢?那就应该做到以下四个方面。

第一,应实事求是地树立好榜样。榜样的事迹一定要先进而真实,只有这样才具有榜样的意义,才能起到示范的作用。否则,不仅起不到好的作用,反而还会产生不好的影响和后果,使思想政治工作的威信降低,使党的形象受到影响。因此,在进行榜样示范教育时,树立的榜样一定要是群众信服的先进人物及事迹。

第二,要尽可能让先进人物现身说法,让有理想的人讲理想,守纪律的人讲纪律,有牺牲精神的人讲牺牲精神,做到有血有肉、有思想有材料、有教训有体会,这样才最生动、最有感染力和最有说服力,也更能打动人心,收到最好的效果。

第三,学习榜样主要是学习其精神和思想,决不能不顾时间、地点、条件地生搬硬套。不是说榜样曾经做过什么事,大家就都来模仿做这件事,而是要学习榜样的先进思想和精神实质。学习榜样要和学习本地区、本部门、本单位的先进人物、先进事迹相结合,学习先进要和本人的思想实际结合起来,努力创造新成绩。同时,在宣传推广先进典型时,要着眼于典型的主导方面,不要求全渲染。先进典型也是现实生活中普通的人,他们的事迹比别人先进,但"金无足赤,人无完人",十全十美的典型是找不到的。因此对典型也一定要讲辩证法,不然就谁也当不上典型,谁也不敢成为典型。

第四,要做好培养、关心、爱护典型人物的工作。一是要继续不断地帮助典型人物提高思想觉悟和业务水平,使其在先进的基础上再创新成绩;二是要少给先进典型安排活动,避免他们成天应酬和开会,弄得疲惫不堪,影响其在本职岗位上做出更出色的成绩;三是要强调向先进学习,造成先进光荣的舆论,防止一些人对先进典型妒贤嫉能、冷嘲热讽,保护先进的积极性,使其始终在组织的关怀下健康成长。

四、实践锻炼的方法

实践锻炼的方法就是有目的、有组织地让受教育者在各种实际工作中受到教育和道德意志的磨炼、实践锻炼的过程,就是受教育者体会正确行为效果,矫正不正确的行为,确立美丑、善恶、是非标准的过程;就是反复体验、提高,加深理性认识的过程,就是不断强化道德情感,提高思想觉悟的过程。实践锻炼方法对培养人们的知行统一、言行一致的良好作风有着特殊的意义,对于培养人们良好的道德行为习惯大有好处。重视实践锻炼，有利于引导广大青年健康成长。

实践锻炼不能盲目行事，必须有明确的目的和要求。例如，进行组织纪律观念的教育，就要在实践中要求人们严格按照多项规章制度来约束自己的行为，这样，久而久之就会形成一种良好的行为习惯。

实践锻炼不是一次就能完成的，同样的内容需要反复进行锻炼。在反复锻炼中不断提高认识，最后把行为规范转化为内心信念，思想认识达到新的境界，觉悟得到提高。

思想政治工作的内容丰富多彩，决定了实践锻炼的方式也必须多种多样。例如，在工厂，组织技术考核，开展技术竞赛，要求职工遵守厂规厂纪，严格按制度操作，按制度上下班；在农村，组织广大农民开展扶贫和多种有益的活动；在部队，带领、启发战士刻苦进行军事训练；在学校，组织学生开展社会调查和各种集体活动、社团活动等。通过这些活动，可以培养人们遵守纪律和全心全意为人民服务的高尚品质，培养他们的自立能力和进取精神。

实践锻炼的方法对当代青年具有特别重要的意义，这主要是由于过去"左"的思想影响和林彪、"四人帮"的破坏，把实践锻炼简单化，鼓吹以干代学，造成了严重的危害。经过拨乱反正，四个现代化建设需要科学文化知识，需要人才，有些青年人又误认为实践锻炼不那么重要了，不那么重视实践了。应帮助青年区分两种不同的情况，对"左"的思想影响和林彪、"四人帮"的流毒要肃清，但正确运用实践锻炼的方法是培养"四有"人才的需要。因此，当代青年要正确理解和认识，积极参加各种实践锻炼，促使自己健康成长。

五、平等对话的方法

平等对话的方法，就是指思想政治工作人员和各级领导干部深入群众、深入基层，面对面地、诚心诚意地听取群众的意见，有针对性地回答群众提出的问题，宣传党的路线、方针和政策，同群众沟通思想、交换意见、讨论问题的一种方法。

平等对话的方法是时代的产物。我们的时代是一个充满生机的改革的时代，对旧的传统观念、旧的工作方式和方法都提出了严峻的挑战，而思想政治工作也必须适应时代的要求。平等对话的方法也就是在这种要求下创造出来的。这种方法有利于真正创造出一种既有集中又有民主，既有纪律又有自由，既有统一意志，又有个人心情舒畅、生动活泼的政治局面。它为新时期正确解决人民内部矛盾提供了成功的经验，它对思想政治工作人员和各级领导也提出了更高的要求，要求思想政治工作人员和各级领导干部必须全面提高素质，以适应工作的需要。

实行平等对话方法的意义，主要在于以下四个方面。

1. 体现了新时期民主观念的突破

高度民主既是我们奋斗的目标，又是我们的手段。这种民主关系在对话中能充分地表现出来，领导干部要与群众对话，就要了解群众，就要有高于群众的知识和水平，就要能和群众平等相处，就要有宽容的大将风度，就要有一定的组织能力，就要以身作则，否则对话就无法进行。领导干部深入基层与群众对话，可以将领导置于群众的监督之下，不断改进自己的工作作风，这对建设高度民主的政治生活大有好处。

2. 体现了现代教育中的疏导原则

过去的思想政治工作，往往是领导讲，群众听，领导打群众通，疏导是单向的。而对话是有问有答、问中有疏、答中有导，充分体现了现代教育的双向疏导，使问答双方处在一种亲切和谐的关系之中，收到好的疏导成效。

3. 体现了思想政治工作手段的更新和突破

在过去，有些地方的思想政治工作主要是"基层干部靠说教，领导干部靠汇报，提高认识靠报告"，上级让对话，有的人事先准备一大篇文稿，虽名曰对话，但不管群众提什么问题，还是把事先准备好的稿子念一遍，然后拍拍屁股就走。而平等对话却改变了那种方式，干部、群众双方直接见面，对话不仅有问有答，思想直接交流，同时还要充分利用现代化的手段，通过电视、广播、录像，采取直观、活泼的方法，有形、有影、有声，调动人们的视觉、听觉、感觉的功能，再从理性上晓之以理，这样就会有强烈的吸引力、说服力和战斗力。

4. 体现了思想政治工作时效观念的突破

我们党的思想路线是"解放思想，实事求是，一切从实际出发"。这不仅是方法问题，也是世界观问题。思想政治工作的成效不在谈话多少次、家访多少次、大型报告多少次、停止工作学习多少时间……而是要看解决了些什么问题。在现代化的大生产中，不能随便占用生产时间找人谈话，更不允许停产做思想工作。而对话形式灵活，一位或几位领导，可能同时和几个人、几十人、几百人对话，人数可多可少，时间可长可短，地点可大可小，这样既能达到宣传政策，又能促进他们去思考、去议论，达到教育的目的。

平等对话这种方法时代性强、效果明显，被人们所普遍重视，各级领导干部和思想政治工作人员要认真进行总结和研究，并在实际工作中加以运用。

六、个别谈心的方法

个别谈心的方法就是指通过教育者和受教育者个别交谈，达到"一把钥匙开一把锁"的教育方法。做一人一事的个别工作，这是思想政治工作的基本功。采用这种方法主要是在这样三种情况下进行的：一是有些人内心不愿随意向人公开自己的"隐秘"，只愿找自己知心的人倾吐，希望得到帮助；二是有些人有了错误,思想上却转不过来,并不以为自己有错,在公开场合批评,无益于帮助其进步,因此需要对其进行个别开导;三是有些人在各方面都很好,教育者希望他能再接再厉,争取更大的进步,采用个别谈心予以鼓励。

采用个别谈心这种方法要重于"情"、重于"亲",要做到促膝谈心,而不能板着一副面孔训人,采用个别谈心这种方法往往能产生很好的效果。

采用个别谈心这种方法,要善于掌握时机,有的人感情冲动,遇事不考虑后果和影响,对这种人就要及时谈;而有些情况"趁热打铁"又反而不利于矛盾的解决,对这种情况就不妨采用"冷处理",等其头脑冷静下来以后再和他交谈,这样效果就会更好些。要注意语言上的艺术,谈话的用语要恰当、准确、诚恳,不要伤害对方的自尊心。要在推心置腹的交谈中感染对方,使对方受到启示。要掌握对方的个性特点、文化知识水平和思想情况。有的人性情直爽,不喜欢拐弯抹角,对这种人可采取"单刀直入";有的人则性格细腻,喜欢委婉,对这种人就要采取"迂回"引导;有的人只须稍事点拨即可,有的人则要深入细谈。这就叫因人而异。最后,要注意给对方"保密",尤其是私人的"隐秘",要尊重对方的要求,不得传播,这是每一个思想政治工作人员和被人当成知己的谈心人所必须具有的道德修养,也是组织纪律所要求做到的。

七、自我教育的方法

自我教育就是受教育者自己教育自己的方法。它是人们自身的矛盾运动,即意识到自己作为个体而存在,作为集体的一分子,应有自身的能力、自身的价值,因而渴望进步,向往未来,不甘落后,从而自觉地接受先进思想和先进理论的指导,克服自己身上的缺点和不足,从而使自己的思想、行为、道德情操达到新的境界。这种方法充分发挥受教育者自身的教育力量,融教育者与受教育者于一体,自觉性高,主动积极,容易见成效。

自我教育的方法又分为个人自我教育和集体自我教育。前者诸如自我反省、自我鉴定、自我总结、自我批评等,这些都是被普遍运用的个人自我教育的形式。后者则是在一个集体内部,开展群众性的自我教育活动,彼此互教互学、互相促进。例如,评比竞赛,开展向英雄模范人物学习活动,组织各种讨论、演讲、参观、调查等,都是集体自我教育的形式。这种集体活动的过程,也是集体中每一个人进行自我教育的过程。

自我教育很适合当代青年人的特点,深受青年人的欢迎。他们相信自己的力量,绝大多数人勇于进取,渴求成才。他们有计划地自学科学文化知识,练习写作、搞摄影、阅读各种青年修养的读物,坚持每天写日记,参加各种文化娱乐活动等,创造了很多生动活泼的自我教育形式,充分显示了他们的上进心和道德上的自勉能力。

　　自我教育这种方法，在一个人的一生中都起作用。周恩来同志所说的"活到老，学到老，改造到老"，讲得就是这个意思。不管是谁，只要有事业心，就能在生活、学习和工作中，随时学习别人的长处和优点，以完善自己；克服自己的缺点，改正错误，以求进步，直至生命终止。

第四章 大学生素质教育的概念

第一节 素质教育的含义

自1988年提出"素质教育"一词以来,教育理论界对其进行了众多的探讨并努力给出素质教育的定义。

一、理解素质教育

如何理解素质教育?如何对素质教育做出定义呢?一种观点认为,研究素质教育应理解这一术语所包含的实质,关注实践中的偏差,不要纠缠于定义,应从"纠偏"的角度出发来理解素质教育。所谓纠偏,是指纠片面追求升学率之偏,纠学校教育主要是大学教育过度专业化之偏。这种观点认为,素质教育针对的是中小学教育中的升学模式问题或片面追求升学率的倾向,针对的是目前大学教育的过分专业化或职业化的现象。但由于应试教育也有相当深厚的社会基础,认为应试教育脱离社会需要的断定未必属实。事实上,它恰恰在一定程度上适应了社会的需要。另一种观点则认为,理解素质教育要考虑和注意以下三点:①不要把素质教育与应试教育绝对对立起来。考试是当代生活中的普遍现象,考试是取消不了的,应试能力也是人的素质之一。②创新是一个人一直在进行的活动。学问靠积累,有积累才有创新,创新要历尽艰辛。③素质教育中的素质要一分为二。一是人本身所具有的素质的教育,二是社会所需要的素质的教育。

理解素质教育这一概念,要从以下五个方面入手。

(一)素质教育是充分发挥每个人潜能的教育

现代科学研究表明,人的巨大潜能若能全部发挥出来,人类就可能达到比现在高很多的水平。重视发挥人的潜能的教育,就应当培养学生良好的人格。人格包括性格、兴趣、顽强意志和进取精神等。

(二) 素质教育是以整个民族素质的提高为出发点的教育

素质教育是要将群体素质教育落实为个体素质,并通过个体素质的完善和提高达到提高群体素质的目的。素质教育是社会需要与个人价值统一的体现。

(三) 素质教育是全面发展教育的实现形式

素质教育具有全面发展教育的基本特征。过去,在教育过程中,我们比较关注学术性内容或者说专业素质的教育,更多注重培养专业人才和教育的选拔功能。素质教育则要求把公民基本素质教育与为高一级学校输送合格新生统一起来,并更多地注重公民基本素质教育。

(四) 素质教育是现代教育

素质教育的根本特征,是教育与生产劳动相结合,是既适应和促进现代政治、文化的发展,又适应和促进现代经济、科技发展的普及教育、大众教育,体现了教育的公平与民主。

(五) 素质教育的重点是培养受教育者的创新精神和实践能力

明确把培养创新精神和实践能力作为素质教育的重点,反映了时代的要求,具有鲜明的现实针对性。这一点,是素质教育在理论和实践上的新发展。

由于科技革命和知识经济的发展,使知识创新、技术创新、产业创新、制度创新乃至管理、市场、机制等创新成为经济和社会发展的决定性因素,提高民族创新能力成为提高我国国际竞争力和综合国力的源泉和动力。民族创新能力需要一代又一代人从小培养,一步一步循序渐进地开发,教育在其中发挥特殊的作用。创新已经不只是对少数社会精英的要求,而是对各类劳动者的基本素质要求。如果说在工业时代,只要能按操作规程完成工序,就算是一名合格的工作者,那么在新时代,还要求不断提出新的想法和新的建议,不断地革新原有的程序和框架。因此,把培养创新精神作为素质教育的重点,是时代发展的需要。

二、素质教育的本质

素质教育是一种深刻的教育哲学理念,是一种进步的教育价值取向。它体现了时代发展的特征。

进入20世纪60年代后期,尤其是20世纪80年代以来,在现代人本主义哲学思潮影响之下,教育开始注重主体意识。当教育确立起主体价值的时候,其价值的实现当然定位于人的发展(受教育者的发展与教育者的发展),人的素质的整体完善是主体教育的价值基点。

教育再也不是简单的社会工具（选拔与分配人力资源的工具、促进政治经济发展的工具）。从教育发展的历史上看，教育大致上可以分为两种基本类型。

一种是培养各行业匠人或人才的职业、专业教育。它以社会分工为基础，根据社会某一方面的需要，训练受教育者，使他们掌握一门技艺，以使其谋生为主要目的。这种教育虽然也讲职业道德和做人道理，但本质上以人为工具，注重教育的工具价值。

另一种教育则是以人的发展为基础，注重引导受教育者主动学习、掌握和运用人类积累起来的一般的而广博的文化科学知识，从内部激发、培养和促进他们的智能、品德、身体等整体素质的提高，使他们成为有教养的人的通识或通才教育。虽然这种教育亦能为社会提供各种有用人才，并不绝对排斥功利性，但首先是以人为目的，注意教育的本体价值。这种教育到了现代才逐步发展成为大众化的素质教育。可以说，素质教育是以树人、育人、提高人的整体素质、形成健全人格、提高主体意识、发展良好个性为根本目的的教育。在教育价值观上可以合理地理解为由客体教育观向主体教育观（素质教育）的转向。这种主体教育观是世界文化跨世纪选择的结果。

素质教育中的素质，是一个"科学化"过程中的概念。"素质"一词，在素质教育确立以前，它是生理学和心理学中的一个概念，它是指个体的遗传素质或天赋。素质教育概念确立以后，素质已经变成教育科学中的一个基本概念，其含义也已大大扩充、丰富，它基本上与个性、人格处于同一层次的概念。从广义上讲，它是人的生理特征、心理特征和社会特征的有机结合。素质教育在实施过程中，有时被理解为"唱唱跳跳"（音乐教育）、"剪剪裁裁"（劳动技能教育），这是很片面的，甚至可以说这是对素质教育的庸俗化理解。素质是一个非均衡发展的结构。素质具有个体发展的特征，不同发展阶段，素质结构具有不同的发展特点。素质的本质是人的主体性。衡量素质教育成功与否的基本标志是学生的主体性是否得到充分发挥，而不是教给了学生多少知识、技能。

第二节 素质教育的特征

在实施素质教育的过程中，根据素质教育的特征开展教育工作，对教育实践具有重要的意义。素质教育的特征主要体现在以下六个方面。

一、主体性

内因是变化的根据，外因是变化的条件，外因要通过内因起作用。因此，学生的学习过程,必然是主动获取、主动发展的过程,而不是被动地接受灌输或塑造的过程。但是,由于儿童青少年的自我意识及兴趣、爱好、特长等个性心理品质都是在接受教育的过程中,在成人的影响下逐渐形成,并逐渐对其自身的学习实践活动产生影响的(虽然,小学生与大学生的主动性与自我意识水平相去甚远)。成人(包括教师)往往会忽略这种每天都发生的微小变量,并最终导致对其主体地位的忽视。多年来,我们的一些教师惯于"我说你听""我讲你背",越俎代庖地替学生做选择、做决定,最终把教育过程变为简单的训练过程,甚至是一种"刺激—反应"过程。

青少年儿童有权力探求学习与发展的机会,这就意味着他们有权力失败,有权力在失败后重新开始,有权力在失败后做出别样的选择。然而,大多情况是成人强迫儿童青少年接受自己的意志,不能允许他们犯错误(例如,要求孩子考试得100分,要求孩子每次作业都得小红旗之类,等等),如果他们犯一点错误就严厉惩罚(例如,差一两分就入另册,分入不同的班级或学校,用各种办法将落后者示众等)。这类做法只能迫使儿童青少年亦步亦趋地模仿成人,做教育者的"应声虫"。这样既无法构建他们的主体地位,发挥他们的主动性、积极性,也不能帮助他们主动地发展自己。因此,实施素质教育,就首先要解放学生的手和脑,而要解放学生,就必须先解放校长和教师。是否真正注重学生的主动性的一个重要标志,要看我们是否承认学生有犯错误的权力,是否给他们改正错误的机会。

二、全体性

素质教育的着眼点与着力点都应是面向全体儿童青少年,促进每个学生的发展。这一特征,我们把它概括为素质教育的全体性。它本来是国家教育方针的一贯要求,但在社会经济条件的制约和旨在科学选拔人才的教育影响下,长期以来并未真正落实。坚持教育对象的全体性,应该体现在教育政策制定、内容方法选择以及整个教育实施过程之中。

承认教育对象的全体性,就意味着不但要保障儿童青少年受教育的权利,而且还应给他们以均等的机会,促使每个人都获得成功。美国著名教育家贺拉斯·曼提出:"估量科学或文化造福于一个社会,不应过分地着眼于这个社会拥有少数掌握大量高深知识的人,而应在于广大人民掌握足够的知识。"瑞典议会在20世纪80年代通过了一个教育工作目标,即建立适合于所有人的学校。瑞典学校不仅为生活不能自理的残疾儿童,而且为完全不懂瑞典语言的难民、移民子女设立专门的课程,聘请专门的教师与辅助人员。他们还在学校中取消考试,取消留级,千方百计地保护学生的自尊心,帮助学生学会某些生活、劳动技能,以使他们尝到"成功"的喜悦。

由于受到经济条件的限制，我国还不能像瑞典那样全面地实施义务教育，但是，应该从这些做法中得到启发。尊重人的发展权利，努力开发每个人的潜能，从而尽量地增加社会发展的积极力量，减少社会发展的障碍，这不但是社会主义教育的根本性质对我们提出的要求，也是最好的保障社会主义共同利益的手段。

三、全面性

素质教育的全面性就是要求受教育者德、智、体、美、劳全面发展，让受教育者成为有理想、有道德、有文化、有纪律的社会主义公民，形成符合思想道德、科学文化、身体、心理、劳动技能等方面要求的合理的素质结构。

人的发展的全面性，应更多地从人的发展的整体性的角度去理解。首先，人的发展应该是全方位的。人不是工具，不可能也不能进行畸形、片面的训练，不能只关注某一方面而使整体发展受损，因为每个人都有全面享有生活的权利，每个儿童青少年都有丰富的情感与各种生活要求。

强调发展的全面性，应避免对人求全责备，不能把人当成机器来全面"组合"或全面"训练"。德、智、体、美、劳全面发展的要求，是人正常发展的必然趋势，是生命自身发展的需要，而不是强加于人身上的外在要求。人有各方面的需要：生理的、心理的、社会的、物质的、精神的、行为的、认识的、价值的、信仰的。任何一种活动，人都是以一个完整的生命体的方式参与和投入。所以，只要不是外在影响畸形化，各种活动对人的发展的影响总是全面的。

在理解和实施素质教育时，要注意两点：一是要反对教育目标片面化。如把人当成考试机器去训练就是一种片面化的培养目标。二是要反对把全面发展的要求绝对化，求全责备也会扼杀个性，会妨碍儿童青少年真正实现全面发展。

四、基础性

在教育内容要求上，素质教育要从最基本的、必需的、对今后发展有一定影响的方面去培育人、发展人，为他们学习做人和进一步学习打好基础，如果将素质分为相对素质（专业素质）和绝对素质（一般基本素质）的话，那么，素质教育培养的重点应放在绝对素质方面。因为基础教育不是直接出人才而是为未来人才的成长奠定基础的教育。

基础教育要在三方面为学生打好基础：其一是为学生身心健康发展打好基础，为他们一生的生活、做人着想，使他们的智力、非智力因素及体质各方面得到发展；其二是为学生今后进一步学习打好基础，这包括接受职业技术教育、高等教育乃至终身教育；其三是为学生就业打好基础，这不仅是指普通教育中要有职业技术教育的因素，而且要求从小培养学生的职业意识。为就业打好基础，包括就业思想上的准备和知识技能上的准备。

素质教育向学生提供的只能是"基本素养",是"为人生做准备",而不是职业素养或专业素养;是让学生拥有"一般学识",而不是成为某一专门领域的专家或某一行业的行家。

五、综合性

素质教育的广度、深度超过历史上任何教育。首先,它是社会大教育,要求全社会成员予以高度重视和支持;其次,它要求教育内部自觉克服短期意识,纠正简单化、实用化的短期行为,树立为提高民族素质教育的战略思想,对教育制度、内容和方法进行整体性的综合配套改革。

六、民族性

从本质上看,素质教育属于现代教育,它反映了现代社会对未来公民的基本素质要求。同时,素质教育也必须体现民族精神与民族优良传统。国民素质是由每个国民的素质决定的,但不是每个国民素质的简单相加,它还包含着将个体凝聚为整体的民族精神和民族传统。所谓民族精神,就是指在长期历史过程中形成的一个民族的共同的精神面貌、共同的稳定的心理素质、共同的生活方式、共同的价值观念等。教育以其固有的功能使民族精神在新生一代中活化和再生,内化为新生一代稳定的身心素质,这就是素质教育的民族性特征。《中华人民共和国教育法》第七条明确规定:"教育应当继承和弘扬中华民族优秀的历史文化传统。"实施素质教育一方面要反映面向21世纪世界发展的潮流,另一方面必须传承和弘扬中华民族的优秀文化传统,充分体现民族特质。

第三节　素质教育的四个关系

素质教育是在中国教育发展历程中、在特定的背景下产生的,它与我们一贯坚持的全面发展教育是何种关系、与基础教育是何种关系等问题,是我们在研究素质教育时必须明确的问题。

一、素质教育与全面发展教育的关系

全面发展教育是中华人民共和国成立以来一直坚持和提倡的教育指导思想,在这一思想指导下,中国教育培养了大批人才,取得了很大的成就。现在我们又提出了素质教育,那么,素质教育与全面发展教育的关系是什么呢?

素质教育与全面发展教育具有一致性。全面发展教育是要促进人的智力和体

力充分自由、生动活泼、主动发展，就是要促进人的各方面才能和兴趣、特长和谐统一地发展，同时包括人的道德水平、审美情操的发展。素质教育同样把教育工作的重点放在促进人的全面发展和综合素质的提高上，这两种教育观所要达到的教育目的和人才培养目标在本质上是一致的。

素质教育更为强调个体发展的全面性与和谐性。素质教育不是选择教育，它虽然不反对英才教育，而且积极创造条件让所有可能成为英才者脱颖而出，但反对用英才的统一标准来衡量所有的受教育者，它更强调在学生的已有发展水平和可能发展潜力的基础上，全面发展和提高学生的综合素质，使之得到全面和谐的发展。

二、素质教育与基础教育的关系

对学生个人而言，基础教育是为人的一生发展打基础的教育。基础的好坏直接影响到一个人将来的发展水平。一个人基础的好坏不仅仅是知识的多少，更不能简单地归结于分数。大量的事实和研究证明，影响一个人成功的重要因素涉及以下六个方面：兴趣、专业思想、感受能力、优先条件、人际关系、奉献精神。因此，基础教育的改革，关键就是要把面向知识或分数的教育，变为面向学生全面素质的提高，让学生由被动为主动，真正做到生动活泼、全面发展。在教育实践中，必须始终坚持抓基础、抓常规、抓方法、抓全面，充分反映基础教育重在基本素质培养的本质要求。

面向全体、全面发展、全员参与是素质教育的基本要求，也是基础教育的本质体现。所谓面向全体，就是要对每一个学生负责，使他们都能在原有的基础上有所提高；所谓全面发展，就是要兼顾学生素质的多个方面，尤其是对非智力因素和学习方法的培养；所谓全员参与，就是要通过科学管理，调动全体教职员工的积极性，把素质教育深入课堂内外、学校内外，渗透到学校工作的方方面面。

三、素质教育与创新教育的关系

创新教育是在普及九年义务教育基础上和在全面实施素质教育的进程中，为了迎接即将到来知识经济时代而提出的。现在有的人说创新教育可以把素质教育推上一个台阶，有的人说创新教育是素质教育的灵魂或核心，有的人就说，创新教育为素质教育找到了一个"抓手"。创新教育一方面是好的思想，另一方面操作性强。因为创新能力是一个人综合素质的最好体现，或者说是一个人综合素质的核心。当前，在知识经济初见端倪的情况下，创新教育与素质教育是一致的，而且能推动素质教育的发展。《中共中央国务院关于深化教育改革全面推进素质教育的决定》中强调实施素质教育要"以培养学生的创新精神和实践能力为重点"。

四、素质教育与减轻学生过重负担的关系

人们普遍认为，应试教育的一大弊端就是中小学生学习负担过重。所以，实施素质教育，首先就遇到一个给学生减轻负担的问题。目前，少数地方和学校在推行素质教育过程中有些偏差，由于认识的片面，导致一些学校，特别是农村中小学出现了"放羊"现象。值得引起重视。这种现象表现为：不考试了，不布置作业了，对学生的管理和教育也放松了。这样做，学生的课业负担和考试压力是减轻了，但素质教育并没有跟上，学生的素质反而下降了。素质教育需要全面培养学生的各种能力，特别是要激发学生的想象力和创造性思维。

中小学实施素质教育，在对待学生学习负担和考试压力问题上，有待于加强认识，不是让学生学习负担越轻越好，也不是让学生的压力越轻越好。这涉及如何把学生的学习负担量化，并根据不同年龄阶段的学生身心发展水平和学生的个别差异，提出不同要求的学习负担量。没有一个明确的量化指标，学习负担过重的问题就无法真正解决，就会出现要么负担过重，要么没有负担，使学生放松学习。学习是一项艰苦的脑力劳动，寓教于乐固然是好，但不付出艰巨的劳动，就不会有理想的收获，这是基本常识。

减轻学生学习负担，要注重提高教学的效率，也就是要重视提高单位时间的教育教学效果。通过改进教育教学方法，通过采用现代教育教学手段，通过"减小坡度、加快速度、提高效率"的方法，充分利用课堂教学时间，尽可能使学生生动、活泼、主动地学习，从而使学生的心理负担先行减轻；然后，再考虑减轻学生的体力负担，把课外学习时间（特别是作业时间）降到一个合理的水平。

减轻学生学习负担，要充分考虑学生的个别差异。因此，教师在布置作业时可以弹性化。所谓弹性作业，实质是教师在布置作业时，要有多种要求，有针对全体学生的最低要求，也有适合中等水平学生和优秀学生的不同要求，以便在减轻学习负担问题上，能够面向全体学生，照顾到学生的个别差异，从而达到既减轻了负担，又提高了素质的目的。

第五章 素质教育的目标

第一节 素质教育目标的确立依据

素质教育目标,是指通过学校的教育教学活动,使受教育者素质发展达到的目标。明确素质教育目标,是实施素质教育的首要环节,它是素质教育的方向和规格。

世界范围内高科技的飞速发展和各国综合国力的激烈竞争,集中到一点,就是要提高全民族的素质。如果没有素质全面、充分发展的人才,高科技就无法发展,生产力就难以提高,科学的整体化发展就难以实现,在国际综合国力的竞争中就要失败。教育要实现其促进社会发展的功能,关键是要培养出高素质的人才。因此,必须对人才的素质发展目标做出准确有效的设计、构建。

确立素质教育的目标,要依据我国的经济建设与社会发展需要,依据我国的教育目的、教育方针、教育规律和教育原则。

一、经济建设和社会发展的需要

教育必须为经济建设和社会发展服务,经济建设和社会发展必须依靠教育。作为服务主体的教育,要主动适应服务对象的需要,满足社会的要求,跟上时代的步伐。

当今社会是一个高速发展、竞争激烈、优胜劣汰的社会。随着科学技术的不断更新,社会生产也由劳动密集型迅速向智力密集型转化,企业发展所需的科技含量越来越高,物化劳动占的比例越来越大,机器不仅可以生产机器,而且还可以操作机器。机器不仅可以代替人的体力劳动,而且可以部分代替脑力劳动。社会对劳动者数量要求会越来越少,而对劳动者素质要求却越来越高。竞争将会更加普遍、尖锐、激烈。对于个人来说,要想在这样的社会中立足,成为强者,就必须具备善于学习、善于应变、善于交往、善于合作、善于竞争、善于决策等基本素质。

二、教育目的和教育方针

教育目的,是社会对教育所要造就的社会个体的质量规格的总的设想或规定。教育目的一般由两部分组成:一是就教育所要培养出的人的身心素质作出规定;二是就教育所要培养出的人的社会价值作出规定,即指明某种人符合什么社会的需要。

关于我国的教育目的和培养目标,最著名的论述是1957年毛泽东同志在《关于正确处理人民内部矛盾的问题》一文中所表述的:"我们的教育方针,应该使受教育者在德育、智育、体育几方面都得到发展,成为有社会主义觉悟的有文化的劳动者。"

素质教育目标的确立,必须依据教育目的和教育方针,把培养目标中全部重要的因素进行整体的、全面的、有序的整合,从而把以科学精神为核心的科学文化素质、以献身精神为核心的思想道德素质、以创造精神为核心的审美素质及其综合表现的身体素质和劳动素质作为素质教育目标的基本框架和导向指标。

三、教育规律和教育原则

教育的直接目标是促进年轻一代的发展,而年轻一代的发展有其自身的规律性,即身心发展的顺序性、阶段性、个别差异性。研究证明,人的潜能是巨大的,人的大脑开发利用率还很低。各个时期教育的侧重点及目标到达程度要求都应有所不同。譬如,婴幼儿时期的教育,主要任务是通过人际交往及适当的活动,促进智力发展,开发潜能,而不是增加知识积累;小学阶段的教育,除注重开发智力外,还要重视传授知识,塑造良好的个性;初中阶段学生智力已接近成熟,是智力最活跃、最敏感的时期,重点应通过传授科学知识及创造性的活动,促使智力转化为智慧和能力,形成良好的个性。各个阶段的教育还必须注意发展的连续性和协调性,保证个体的能源系统——身体、工作系统——智力、动力系统——非智力、导向系统——思想品德等基本要素协调发展,形成合理结构,并保持动态平衡的发展态势。

素质水平具有历史性。不同的历史时期对人的素质有不同的要求。社会进入一个新的发展时期,教育的培养目标或素质结构都要做相应的调整,以适应新时期对人才的素质要求。随着时代的发展,社会对公民的素质要求越来越高、越来越全面,设计素质教育指标,就必须遵循相应的原则。

（一）方向性原则

方向性原则，是指素质教育目标必须充分体现我国的教育方针，受我国教育目的的统率和支配。教育目的是教育活动的出发点和最终目标，也是确定教育内容、选择教育方法、检查和评价教育效果的依据。我国的教育目的，是马克思主义关于人的全面发展理论同我国社会主义社会具体实践相结合的产物。培养目标则是在教育目的的指导下，根据各级各类学校不同的任务和教育对象身心发展的特征而制定的培养人才的具体规格和质量标准。

人的素质作为一种认识和改造世界的潜能，是一个矢量，这种潜能素质的社会化，总是具体地为一定国度、民族的价值标准和社会文化规范所限定的。我国的素质教育必然体现为社会主义方向性和集体主义导向原则。

（二）全面性原则

全面性原则，是指素质教育目标要着眼于学生身心素质的全面培养和全面开发，发挥素质教育目标的规范作用和导向功能。人的素质结构是一个由社会文化素质、心理素质和身体素质及其若干要素组成的整体，所以，素质教育目标要全面包容这些目标中的各个要素。

（三）整体性原则

人的素质是一个多侧面、多层次的立体结构。在这个结构中，任何一方面素质的欠缺，都会削弱整体的结构功能，影响素质的整体水平。中小学阶段是少年儿童各方面素质形成和发展的关键时期，某一方面的素质如果得不到正常发展，在以后的实践活动中往往难以得到足够的补偿，以致成为终生的遗憾。因此，学生素质教育目标体系的内容要全面。所谓全面，不是不分巨细地面面俱到，也不是以一个模式要求所有学生，而是要突出各个侧面的基本要求，保证每个学生在全面发展的基础上形成各自不同的个性。此外，基础教育（特别是义务教育）是公民教育。公民教育的根本任务，是提高公民素质，为个体终身教育奠定基础。因此，素质教育必须面向全体学生，全面提高学生素质，把多方面的潜能转化为能力。

（四）发展性原则

发展的意义是开发少年儿童的身心潜能素质。人的素质总是与一定社会的生产水平、科学技术，以及精神文明程度密切相关的。对于跨世纪的一代人来说，迎接他们的将是一个丰富多彩、发展迅猛、变化多样、具有魅力的世界。因此，构建素质教育目标，必须将今天的教育与未来社会的发展联系起来思考，充分考虑时代特征，树立发展性的教育观，研究少年儿童的需要结构，着力培养和发展少年儿童适应新世纪需要的基本素质,让他们做好迎接新世纪的准备。在制定学生培养目标时,要树立发展性的教育观,注重对学生需要结构的研究,培养学生强烈的求知欲、进取心和开拓精神。引导学生构建开放、有序的知识结构和智能结构,培养学生自我意识、自主学习和自我教育能力,重视人的素质发展和更新。

(五)统一性与多样性相结合的原则

一方面,各地学校应该有一个统一的实施素质教育的目标,以保证各地的学校素质教育沿着基本一致的方向前进,促进各地学校教育质量整体水平的提高;另一方面,各地的经济文化发展和教育基础都很不平衡,要使各地学校素质教育在同一时限内达到同一水平是不可能的。因此,应该允许各地从本地的实际出发,按照统一的学校素质教育目标体系的基本精神,构建具有地方特色的学校素质目标体系,使每一所学校的办学水平能在原有的基础上得到提高。

第二节 素质教育目标的具体内容

一、普通中小学素质教育的性质与任务

普通中小学教育的性质是基础教育,它的任务是培养学生的基本素质,为他们学习做人和进一步接受专业(职业)教育打好基础,为提高民族素质打好基础。

普通中小学的教育对象是青少年儿童,他们正处在由社会意识薄弱的未成年者转化为社会主体的时期。他们必须在这一时期在生理上和心理上为走向生活做好准备,为将来的发展做好准备。这要求他们掌握科学文化基础知识和基本技能,发展思维能力和表达能力,形成良好的思想品德和高尚的审美情趣,有健康的身体,具有自学能力和自我完善能力。只有这样,他们才能有广泛的适应性和较大的自由度,善于选择生活,并接受生活的选择,成为社会生活的新生力量。普通中小学的基本任务就是要促进儿童青少年的这种发展。由于儿童青少年的这种发展是基础性的、全面性的,同时由于每一个儿童青少年都需要得到这种发展,所以,普通中小学教育具有基础性、全面性和全体性的特点。

普通中小学还承担着为提高民族素质打基础的任务。今天的中小学生是未来社会的主人。义务教育程度和质量的高低,是民族素质高低的重要标志。普通中小学教育为提高民族素质起着奠基的作用。

二、普通中小学教育的组成部分

为了实现我国教育目的和基础教育的任务,普通中小学的教育必须包括德育、

智育、体育、美育、劳动技术教育五个组成部分。

(一) 德育

德育是全面发展教育的重要组成部分。德育是引导学生领悟无产阶级思想政治观点和道德规范，组织和指导学生的道德实践，培养学生的社会主义品德的教育。它集中地体现了我国教育的社会政治性质，并对学生的全面发展起着定向和推动的作用。

普通中小学在德育方面的要求主要是：教育学生初步了解马克思主义的基本观点和建设有中国特色的社会主义的理论，热爱中国共产党、热爱社会主义祖国、热爱人民、热爱劳动、热爱科学；引导学生逐步树立把我国建设成为富强、民主、文明、和谐、美丽的社会主义现代化强国的理想；养成为民族振兴、国家富强、人民富裕而艰苦创业的献身精神和实事求是、追求真理、独立思考、勇于开拓的科学精神；形成社会主义道德品质、文明行为习惯；帮助学生逐步提高主体意识、群体意识、公民意识、民主意识、竞争意识、自律意识和对改革开放的心理承受能力、应变能力。

(二) 智育

智育是全面发展教育的重要组成部分。智育是授予学生系统的科学文化知识、技能和发展他们的智力的教育。智育在帮助学生认识自然规律、社会规律，提高分析和解决问题的能力，掌握从事社会主义现代化建设实际本领和个性全面发展中起着重要作用。

普通中小学校在智育方面的要求主要是：让学生系统地学习科学文化基础知识，掌握相应的基本技能和技巧，拓宽文化视野，发展思维能力、想象能力和创造能力，养成良好的自学的能力、兴趣和习惯。

(三) 体育

体育是全面发展教育的重要组成部分。体育是授予学生健身知识、技能，让他们学会健体，发展他们的体力，增强他们的体质的教育。体力和体质的发展是个性全面发展的生理基础。人们进行生产劳动、社会活动和其他活动，以及幸福地生活都需要强健的体魄。

普通中小学校在体育方面的要求主要是：向学生传授基本的运动知识、技能，培养他们锻炼身体和讲究卫生的良好习惯，促进他们身体的正常发育和机能的成熟，增强他们的活动能力和身体素质。

(四) 美育

美育是全面发展教育的一个不可缺少的组成部分。美育是培养学生正确的审美观，发展他们的鉴赏美、创造美的能力，培养他们的高尚情操和文明素质的教育。它在净化学生心灵、激励学生热爱生活和追求美好事物、促进学生全面发展方面具有重要作用。

普通中小学在美育方面的要求主要是：通过音乐、美术、文学教育和其他各种审美活动，充实学生的生活，丰富学生的情感，培养学生评价美、欣赏美的能力，引导学生初步掌握一种艺术活动技能，如绘画、唱歌、舞蹈、演奏乐器等，使他们具有健康的审美情趣和高尚的情操，形成朝气蓬勃、乐观向上的精神面貌。

（五）劳动技术教育

劳动技术教育是普通学校教育的必要组成部分。劳动技术教育是引导学生掌握劳动技术知识和技能，形成劳动观点和习惯的教育。它帮助学生把脑力劳动和体力劳动结合起来，促进他们的全面发展，为他们的就业和生活打下劳动技术知识、劳动技能和劳动态度的基础。

普通中小学在劳动技术教育方面的要求主要是：通过科学技术知识的教学和劳动实践，使学生了解物质生产的基本技术知识，掌握一定的职业技术知识和技能，提高动脑和动手能力，养成良好的劳动态度和劳动习惯。结合劳动技术教育，还可授予学生一定的商品经济知识，使学生初步懂得商品的生产、经营和管理，了解当地的资源状况和经济发展规划，以及国家的经济政策、法律，具有一定的搜集和利用商品信息的能力。

教育的五个组成部分（即德、智、体、美、劳）各有自己的特点、规律和功能。对于普通中小学生的全面发展来说，都是缺一不可的，不能相互取代的；同时它们又是相互联系、相互制约、相互依存、相互渗透的。在实际生活中，学生的发展可能在某一方面出现比较大的缺陷，有时需要针对某种倾向性的问题着重强调和抓紧某一方面的教育，但这并不意味着可以忽视和放松其他方面的教育。在教育实践中，随时都要注意引导学生的德智体美劳全面发展，防止和克服重此轻彼、顾此失彼的片面性，坚持全面发展的教育质量观。

学生可以而且应当在基本素质全面发展的基础上保持并发展自己的兴趣和特长。就个人来说，基本素质的发展和兴趣、特长的发展是相互依赖、相互促进的。所以，在教育工作中，要承认学生的个人特点，承认学生之间的差别，把全面发展与因材施教结合起来，使学生既有比较完善的基本素质，又能充分发展其所长，形成丰富而独特的个性。

三、学生基本素质的培养

中小学校素质教育目标的具体内容是指要培养学生哪些方面的素质。学生基本素质的培养主要应从以下七个方面来进行。

(一) 身体素质的培养

拥有健康的体魄,是我们每个人的愿望,也是祖国建设的需要。毛泽东同志曾多次强调身体的重要性,提出"身体好,学习好,工作好",他把"身体好"放在第一位,并概括性地指出"身体是革命的本钱"。

1. 身体素质的基本要素

身体好,是指一个人要有良好的身体素质。它是德智体美劳全面发展的一个重要方面,一个人身体素质的好坏,主要是从以下四个方面来衡量的。

(1) 身体形态和结构的发育水平

身体形态和结构的发育水平包括体格、体型、身体姿势、营养状况及身体组成成分等情况。良好的身体素质在这一点上的表现是:各项指标的达成度与年龄相称、体格健壮、体型匀称、体姿正确、身体营养状况良好、主要内脏器官无慢性疾病。

(2) 生理功能水平

生理功能水平包括脉搏、血压、肺活量等反映心肺功能水平的指标。良好的身体素质在这一点上的表现是:新陈代谢正常,心血管、呼吸系统、感觉器官以及其他器官和系统有良好的功能。

(3) 身体运动能力发展水平

身体运动能力发展水平是指速度、力量、耐力、灵敏、柔韧等身体运动素质和走、跑、投、攀登、爬越等身体基本活动能力。

(4) 身体适应能力

身体适应能力是指身体对环境条件的适应能力、应变能力,对紧张、艰苦的生活有较强的耐受能力,对疾病有较强的抵抗能力等。

2. 学会健体

随着年龄的增长,儿童青少年的身体素质的培养越来越多地靠自己,所以,学会健体对于儿童青少年形成良好的身体素质特别重要。

(1) 健体要讲究科学

所谓健体,是指健康的体魄。学会健体,是指学会培养和锻炼自己形成健康体魄的原理和科学方法。身体需要锻炼,锻炼要讲究科学。在锻炼身体的过程中,要根据人体生理的基本规律,个人的年龄、性别、体质和锻炼的基础等具体情况,从实际出发,选择适合自己的运动项目,合理安排运动量,有计划地进行锻炼。

(2) 科学地锻炼身体

锻炼要有明确的健身目标,自觉地进行。在锻炼时要认真,心无杂念,专注肌肉的张弛、关节的反复、呼吸的出入、节奏的疾缓、动作的屈伸，从而使身体、心智都得到锻炼。

锻炼要全面。既要锻炼身体，又要磨炼意志。项目的选择应当多样化，让身体的各部位能得到协调发展。

锻炼要持之以恒。要把锻炼作为青少年日常生活中不可分割的部分，切忌一曝十寒。

锻炼要循序渐进。人的身体对内、外环境变化的适应，有一个缓慢的、由量变到质变的过程。锻炼时要注意运动的负荷量。运动负荷量过弱，不能引起身体机能的变化，起不到锻炼应有的效果，负荷过重则有损于健康。

锻炼要注意做好锻炼前的准备活动和锻炼后的放松活动。锻炼前准备活动的主要目的是使内脏器官、呼吸系统、肌肉、关节逐渐适应活动的需要。锻炼后的放松活动，是要让肌肉得到放松，让血液在肌肉的压力下流回心脏。

锻炼还要根据气候、环境、身体营养及个人兴趣等采用适宜的方式、适当的强度。

（3）合理安排作息时间，劳逸结合

在大自然中，一切生物仿佛都按照时辰活动着，科学家把这种情形称作是"生物钟"现象。实际上，人体的各种器官的机能也都是有规律地按照"生物钟"的调节运转的。有规律地学习和生活，不仅有利于保持人的身体的正常机能，而且是青少年学习获得高效率的前提和基础。合理安排作息时间，是养成良好生活习惯的第一步。青少年对自己每天的时间分配应该有一个合理的安排。如何时起床、何时开始锻炼、何时就餐、何时睡觉等，都应该有一定的规律，没有特殊情况，不要轻易改变。劳逸结合，有益于人的身心健康，同时有益于学习效率的提高。学习时要有张有弛。

3. 注意饮食营养和卫生

人体吸收的营养物质除补偿每天消耗外，还需要有较多的营养物质作为机体生长发育的物质基础。膳食中，除应有足够的热量外，还要补充必要的蛋白质以及各种维生素以维持身体正常生长。因此，青少年学生的膳食应适应生理、生活、学习对营养的需要，即营养要合理。

（二）心理素质的培养

许多人的一生，并不缺乏才华、能力和机遇，却总是与成就和财富擦肩而过，其原因很可能是因为不具备良好的心理素质。良好的心理素质是青少年取得良好学习成绩的重要条件。

1. 良好心理素质的标准

良好的心理素质，主要包括以下十点。

（1）有积极的发展需要

求知欲旺盛，兴趣广泛，有积极而又切合实际的理想和抱负。

（2）有良好的自我意识

能正确认识自己，自尊、自信、自爱；能调节和控制自己的心理和行为，排除不良情绪和心境，克服不良习惯和嗜好，保持心理健康和行为正常。

（3）有较强的主体意识

能自觉参与各种适合自己特点的活动，能独立思考，能自主学习，并能逐步学会确定自己的奋斗目标。

（4）有较好的群体意识

对同学、同伴有爱心和同情心，热情、友好和宽容；对家庭、集体、社会有责任感和义务感；乐于交往，善于合作。

（5）有良好的学习和劳动态度

勤奋、认真、严谨，有竞争精神和创造精神。

（6）有健全的认知能力和较强的实践能力

善于观察、记忆清晰、思维活跃、想象丰富、有创造力、有较强的动手操作能力。

（7）有积极的情绪

热爱生活，开朗、乐观、活泼、有朝气、情绪稳定，言行符合年龄特点。

（8）有健康的情感

向往真善美，憎厌假恶丑，是非分明，情趣高雅。

（9）有良好的意志

自觉、坚定、勇敢、果断、坚毅、不怕困难和挫折。

（10）有较好的适应能力

对学习、生活和人际环境的变化能较快适应，对不良精神刺激有一定的抵抗能力。

2. 培养良好的心理素质

随着素质教育的研究和实践的深入开展，学生良好心理素质的培养，越来越受到各地中小学校的重视。就目前来说，培养学生良好的心理素质应注意以下四个方面的问题。

（1）主动调适情绪，养成积极的心态

美国心理学家詹姆斯指出，通过控制情绪可以改变生活。情绪渗透在我们时时处处的生活心态中，影响着我们行为的效果。哈佛大学的一项研究表明，个人取得成就的原因中85%五是因为有了积极健康的情绪，而只有15%是因为个人具备了专门技术。

(2) 培养和提高抗挫折能力

正确对待挫折的办法是提高青少年对待挫折的容忍力,尽量减少挫折所引起的不良影响,使青少年的自我发展的损失减小到最低限度。

(3) 塑造健全人格

健全的人格,建立在个人对自己正确认识和评价的基础上。可以说,一个人正确认识自己、接受自己的程度,决定着他的社会适应能力的强弱。

(4) 注重交往能力的培养

人际交往能力,是现代人生存所必备的一种基本能力。但是,据中国科学院心理研究所的一项研究表明,约有1/3的学生对自己的交往能力持怀疑态度,缺乏交往信心。

社会交往素质是衡量一个人生存能力的重要指标。正常的人际交往和良好的人际关系是一个人心理健康和生活幸福的必要前提,也是一个人在事业上获得成功的重要保证。

(三) 思想道德素质的培养

思想道德素质的培养目的,是要让学生"学会做人"。学会做人,就是要学会选择一条正确的人生道路,在家做个好孩子,在校做个好学生,在社会做个好公民。树立现代意识,培养良好品德,是青少年学会做人必备的条件。

1. 树立现代意识

现代意识主要包括信息意识、时间意识、效率意识、合作意识、竞争意识、法律意识和环境保护意识等众多内容。树立现代意识,是青少年成为21世纪合格公民的重要前提。

(1) 信息意识

以计算机、通信、软件等为主要内容的信息革命影响了人类活动的一切领域,它极大程度地冲击着国际政治经济,也给人类生活方式带来了剧烈的变革。信息技术正在主宰着我们的生活,由于信息的及时交流,成千上万的科研人员共享着研究发明的成果,避免了重复劳动;由于信息的及时沟通,成千上万的交通车辆避免了空载;由于信息的及时传递,成千上万的求职者得以顺利就业……这说明信息渗透于我们社会生活的各个领域。在信息时代,通过互联网,我们在家里就可以阅读和了解图书馆里的知识及其他各类信息。在信息时代,国家的界限会越来越模糊,全世界将变成一个"地球村"。各个国家之间经济、科技、文化等方面的相互交融会日益加深,世界的格局也会因此不断改变。未来的世界将是一个信息的世界。在这样一个信息时代里,没有强大信息生产与传播能力的国家,在信息流动中只能被动地接受来自强国的信息渗透。信息在发展社会经济和提高综合国力方面起着极其重要的作用。因此，作为21世纪的公民，青少年必须具备现代信息意识，即信息就是金钱、信息就是效率、信息就是力量。

（2）时间意识

时间是一种特殊的资源，是人生最宝贵的财富。有人说："时间最不偏私，给任何人都是24小时；时间也最偏私，给任何人都不是24小时。"时间是金钱所不能替代的，也不是花钱就能买来的。只有那些知道珍惜自己时间的人、能够有效地利用时间的人，才能富有成效地工作，才能创造出更大的财富。深圳经济特区在创业之初，提出了"时间就是金钱"的口号，最直接地说出了时间的宝贵。

（3）效率意识

效率是对时间的有效利用，是在单位时间里做出更多更好的业绩。具有强烈的时间观念，才能有强烈的效率意识。同样，只有树立效率意识，提高学习工作效率，生命的价值才更有意义。效率是事业成功的基本前提，也是现代社会人所必须具备的一种工作和学习作风。

企业的生产经营要讲求生产效率、经营效益，科学研究也要讲求科研效率，学习也要讲求学习效率。讲求效率，必须科学合理地安排时间，有效地利用时间。有的同学学习上很刻苦、很努力，但是效率不一定高。其原因是，这些同学把一天的绝大部分时间都用在读书、做作业上，弄得头昏脑胀，精疲力竭。这不但不能提高学习效率，反而对身体有害。有的同学胸怀大志，有很长远的计划，但缺少具体的时间安排。还有的同学不注意课堂学习，下课后花数倍的时间来弥补，浪费了学习的"黄金时间"，结果学习效率却不高。有效的学习应该是将学习、娱乐、运动、睡眠等活动编排有序、张弛得当、劳逸结合，让每天的生活有条不紊，富于规律性。

（4）合作意识

从社会发展的趋势来看，21世纪不仅仅是一个不断竞争的时代，更是一个合作、交流的时代。青少年学生是21世纪的主人，不仅要有竞争的能力和实力，而且还要具备合作的能力。在21世纪的社会里，合作能力将比竞争能力显得更为重要，运用更为广泛。要在未来的社会里生存和发展自己，除要具备竞争的本领外，还要培养和提高合作能力，正确处理好竞争和合作的关系。

（5）竞争意识

"物竞天择，适者生存"的规律并不仅仅存在于自然界，它同样存在于人类社会的各个领域。人与人之间、企业与企业之间、地区与地区之间、国家与国家之间都存在着激烈的竞争。因此，现代社会鼓励竞争，鼓励标新立异，鼓励通过竞争调动人的潜能，实现人的充分全面发展和社会进步。儿童从上学的第一天起，就面对着学习上的竞争,将来还要面对择业竞岗的竞争、事业上的竞争。竞争是每一个人人生旅途上必须认真对待的课题。竞争是一种压力,也是一种动力。我们应该正确看待竞争,积极、主动地去竞争。激烈的竞争需要有高度的心理耐力,以保证在遭遇挫折、打击和磨难时不会轻易产生悲观、动摇、退缩等不良心理,即使深陷困境也能用乐观、自信的态度和顽强的意志去克服困难。

(6) 法律意识

法律是推动人类社会走向高度文明的重要手段。学法、知法、用法、守法,是一个合格公民的基本要求。当今,我们的家庭生活、学校生活以及社会生活的方方面面都离不开法律。

(7) 环境保护意识

地球是人类的共同家园。地球是美丽的,它有着广袤的原野、郁郁葱葱的林木、烟波浩渺的湖泊、时急时缓的江河、丰富的矿藏。它无私地提供了人类所需要的一切。然而21世纪以来,随着科学技术的发展和经济规模的扩大,人类赖以生存的地球发生了巨大的变化。就目前来看,这种变化所造成的后果正在日益显露:人口无节制地增长,将给地球的生态环境和有限的自然资源带来更大的压力和负担;过分地砍伐森林将引起更多的水土流失和洪涝灾害;淡水和海洋被污染使得生命之泉在枯竭;不断地向大气层超量释放碳元素将使气候进一步恶化,臭氧层遭到破坏,造成地球表面太阳紫外线辐射量的增加,危及人类和生物的生命,气温正在升高,地球正在变热;土壤的继续风化和流失将使农业产量持续下降;动植物物种的持续减少将使地球的生态彻底失衡等。所有这一切都在向人类发出警示:人类在破坏地球环境的同时,也在毁灭着自己。应该加强对青少年环境保护意识的教育,使保护环境在21世纪成为每一个人的自觉行动。

2. 养成良好的品德

良好的品德主要包括奋发立志、诚实正直、勤劳俭朴、谦虚谨慎、遵章守纪、孝敬父母和有责任感等内容。

(1) 奋发立志

立志是青少年立身处世的头等大事。俗话说:"鸟无翅膀不能飞,人无志向无作为。"所谓志向,是指一个人的奋斗目标,即将要做什么事、做什么样的人的意图和决心。宏大的志向能够使人奋发进取。立志成才是时代的要求,也是祖国和人民对青少年的殷切期望。为美好的信仰矢志不渝,奋发图强,上下求索,为实现心中的理想百折不挠,锲而不舍,这就是青少年奋发立志的精神所在。

(2) 诚实正直

所谓诚实,就是为人处世不虚假,表里如一,言行一致,胸怀坦荡,无所畏惧。它是一种美德,永远不会过时。正直就是公正坦率,表现在日常行为中就是为人坦诚，心地善良，富有正义感，乐于帮助别人，不做违心的事。

（3）勤劳俭朴

勤劳精神包括勤于思考、勤于动手、勤于学习、勤于工作等，它是我们学有所成、做有所成的必备前提。俭朴是中华民族的道德精神，"俭能养志""静以修身，俭以养德"，这是古人的俭朴观。今天，我们对俭朴应该有更高的追求。首先，"国家有困难，大家来分忧"；其次，俭朴的生活，是锻炼我们意志的炉火，是磨炼我们节操的砥石，它催人自主，助人成熟。

（4）谦虚谨慎

谦虚的人，不因为别人的称赞而沾沾自喜，能始终保持清醒的头脑，不沉醉于荣誉，能正确地评价自己。

（5）遵章守纪

规章和纪律是社会和集体向每一位青少年及其全体成员提出的行为要求。只有自觉遵守这些规章和纪律，才能使集体利益和社会秩序得到维护，社会生活才能够正常进行。提高对遵章守纪重要性的认识，培养遵章守纪的良好品质，是培养"四有"人才不可缺少的重要内容。

（6）孝敬父母

孝敬父母是中华民族的传统美德。中华民族自古以来就很讲究孝道，讲究对父母的尊敬、热爱、关心和赡养。

（7）有责任感

责任感也可以称之为责任心。它是每个人在生存的环境中意识到自己的责任，主动地关心自己、关心他人、关心社会的行动。

（四）文化科学素质的培养

文化科学是人创造的，反过来，它又促进了人本身和人类社会的发展。数千年来，人类创造出了无数的文化科学成就，推动了人类文明的进程，并且不断提高和改变着人的生活质量。

1. 文化科学素质的要素

文化科学素质主要包括以下六个方面的内容。

（1）有热爱科学、积极求知、努力上进的进取精神。

（2）有较扎实的学科基础知识、广泛的科学文化知识以及生活常识。

（3）有较熟练的感知、记忆、思维、想象及阅读、写作、运算等心智技能，口语表达技能，实验及其他有关操作技能。

（4）有良好的阅读能力、言语能力、写作能力、运算能力、组织能力等。

（5）有良好的学习态度和学习习惯、较强的学习能力。

（6）有独立思考、大胆质疑、勇于探索、敢于创新的创造精神和善于思考、善于想象、善于创新的创造能力。

2. 全面提高文化科学素质

中小学生的主要任务是学习，因此，培养和提高学生的文化科学素质，是素质教育的重要目标。

（1）学习文化科学知识，建立科学合理的知识结构

在人的文化科学素质中，知识占有重要位置。人的文化科学素质的提高首先表现为掌握知识，不断接受、汲取新知识。知识是人类文化的重要组成部分。知识对于人类是宝贵的精神营养，就像血液滋养身体一样，它帮助人们在实践中形成和发展各方面的能力。"知识就是力量。"人们习惯于用掌握多少科学知识来衡量一个社会文化的先进与落后、衡量一个人的文化程度的高低。这种做法虽然并不十分准确，但说明人们已经把科学知识视为文化的重要标志。

（2）增强科学意识，培养科学精神

科学意识反映着人们对于科学及其社会作用的态度。科学意识包括两个方面的内容：一是重视科学；二是尊重科学，按照科学规律办事。科学意识是衡量一个人、一个民族、一个国家文化素质的重要标志。只有强化科学意识，重视和尊重科学，才能自觉地学习科学知识、利用科学知识。

（3）掌握科学方法

科学方法是人们在认识和改造客观世界的实践活动中总结出来的正确的思维方式和行为方式，是人们认识和改造客观世界的有效工具。世界上许多著名的科学家都极为重视科学方法。法国数学家卡尔在谈到科学方法的重要性时指出："那些只是极慢地前进的人，如果总是遵循正确的道路，可以比那些奔跑然而离开正确道路的人走在前面很多。"爱因斯坦也说过："像我这种类型的人，一生中主要的东西，正是在于我想的是什么和我是怎样想的，而不在于我做的或所经受的是什么。"

（4）学会学习

传统意义上的学习，大多是指读书识字，或者通过阅读、听讲和实践获得知识或技能。而现代意义上的学习则是要求学习者在此基础上，着重学会学习的方法，获得自我学习的能力，为终身学习打下基础。联合国教科文组织的教育报告《学会生存——教育世界的今天和明天》中指出：明天的文盲将不是目不识丁的人，而是不知道如何学习的人。最重要的学习是学会学习。学会学习就要做到以下几个方面：有学习的主动性、积极性和自觉性；有明确的学习目标和自我调控能力；有科学有效的学习方法；善于发掘自己的学习潜能。

（五）审美素质的培养

美，能使人心理愉悦，启发思想；能使人的视野更加开阔，振奋精神；能使人的灵魂更加纯洁，品格高尚。审美素质的培养就是要让青少年学生从小正确认识美、欣赏美、感受美，树立追求美、创造美的信念，长大后才能为人类贡献美，为我们美丽、可爱的祖国增光添彩。

1. 审美素质的要素

审美素质的要素包括以下五个方面。

（1）积极的审美需要

包括欣赏美、表现美、创造美的愿望和追求。

（2）基本的审美知识

了解和掌握什么是美、什么是丑，如何进行美的欣赏、美的表现和美的创造的知识。

（3）正确的审美观和健康的审美情趣

要热爱和向往符合社会进步要求、有益于身心健康的美，鄙视和摒弃庸俗、颓废的"美"，憎恶和反对一切丑恶、腐朽和卑劣。

（4）进步的审美理想

逐步做到仪表美、语言美、行为美、心灵美，愿意参加美化周围的物质环境和精神环境的活动，立志将来创造出美的物质产品和精神产品，为建设人类共同的美好生活做出贡献。

（5）一定的审美能力

一定的审美感受能力、审美鉴赏能力、审美表现能力、审美创造能力。

2. 学会审美

（1）自然美

当我们饱览泰山日出，观赏庐山瀑布，领略黄山奇峰，徜徉于桂林山水，注目西湖的秀丽，遐思滇池的开阔……那是何等的心旷神怡。即使一些平常的自然景物，如明月清风、蓝天白云、蝶飞南国、雁落平沙、池生春草、曲径风荷……也都令人动情，充满诗意，引起我们美的遐想。那么，怎样欣赏自然美呢？

（2）艺术美

有了艺术，人类社会才可能是社会，我们的心灵才可能成为性情的家园；相反，如果没有艺术，人类社会就永远也不会走出野蛮的时代，我们的心灵也将永远是一片荒漠。我们应该培育学生对艺术的兴趣，用人类创造的灿烂文化艺术陶冶自己。

（3）社会美

我们所熟知的英雄人物及其动人事迹所表现出来的献身精神、爱国精神崇高的伟大，他们的革命信念坚定无比。以他们为代表的中华民族的优秀儿女的青春是最美丽的。这样的英雄豪杰及其壮美的革命斗争生活，就是最有价值的催人奋进的社会美。社会美重在心灵美、精神美、性格美。人们把美好的心灵，比作光亮的金子；比作透明的水晶；比作富有魅力的琴弦；比作永不凋谢的花朵；比作精神世界的金字塔。语言美是心灵美的外化，是我们思想的直接表现。说话文雅、和气、谦虚是美；说话粗野、冷漠、骄横是丑。体现在人身上的性格美也是社会美的一个重要方面。一般说，天真活泼、正直诚实、舍己为人、追求真理、坚持正义、爱憎分明、谦虚和善、助人为乐、热爱生活等，都属于性格美的范畴。

3. 学会创造美

（1）丰富审美感受力

现实生活中的美是丰富多彩、无穷无尽的，关键在于我们是否能够发现和体会到。虽然美就在我们的身边，但是如何认识美、感受美、鉴赏美，还须加以培养。审美能力的形成不能一蹴而就，需要长期培养。

（2）展开审美想象力

我们通过想象活动，把自己的情感融入客观对象中，从而加深对客观事物的感受、认识和理解，从中发现更多、更美的东西。丰富的生活积累是培育想象之花的沃土。我们只有贮备丰富的生活体验，才能由此及彼，创造出新的形象。真正爱美的人，必定热爱生活，怀着纯真的感情去亲近自然和人生，留神观察，细心体验，展开想象的翅膀，翱翔于美的世界之中。

（3）创造美的生活

凡是美的东西都具有真、善、美统一的品质，我们不仅要学会感知美、欣赏美，还要学会创造美，就是把真、善、美引进自己的精神世界，使我们的精神生活明媚而高尚，整个社会也会因此而变得美丽起来。

（六）劳动技术素质的培养

劳动能使世界富饶美丽，能使生活丰富多彩，能使人辨认美丑善恶，能使人勇敢善良。

劳动是国家富强和人民富裕的基础。应当培养育少年从小养成良好的劳动习惯，把他们培养成能够适应未来社会的体力劳动与脑力劳动相结合的新型劳动者。

1. 劳动素质的要素：

劳动素质的要素包括以下四种。

（1）劳动观念

这是对待劳动的思想意识，主要包括对劳动的意义的认识、热爱劳动、热爱劳动人民、爱护劳动成果等。

（2）劳动态度

这是对于劳动的看法和行动，主要表现在能否自觉参加劳动。

（3）劳动习惯

这是指在劳动过程中逐渐形成的一种自觉的、经常的劳动行为和倾向。

（4）劳动能力

这是能够胜任劳动的主观条件，主要是指掌握劳动的技能、技巧。

2. 培养劳动意识

劳动意识是青少年正确对待劳动的观念和态度。劳动是高尚的，没有贵贱之分。无论是宇宙探幽的高科技劳动，还是生产某些日用品的一般劳动；无论是治病救人的医务劳动，还是春种秋收的农业劳动，等等，都是人类赖以生存和发展的必不可少的劳动。劳动带给我们富足与文明，我们应该自觉培养自己的劳动意识。

3. 养成劳动习惯

劳动习惯是在劳动过程中逐渐形成的一种自觉的行为。如何养成劳动习惯呢？

（1）充分理解劳动的意义

社会要发展，人类要进步，人民生活要改善，要求我们每个人都必须自觉地从事劳动。美国石油大亨洛克菲勒家族，是西方世界第一个拥有十亿美元家产的富翁，经历一个多世纪而不衰。为了让后代继承家业，他们对子女的教育颇费心血，其教育方法之一就是从小教会孩子做家务。

（2）培养吃苦耐劳的精神

要养成良好的劳动习惯，必须克服怕苦、怕累、怕脏的思想。这是因为只有经过苦、累、脏，才能换来净、乐、福。即使是脑力劳动，也需要有坚韧不拔的意志和追根究底的刻苦钻研精神。

（3）从自我服务和家务小事做起

如果连自我服务和家务劳动都做不了，在家里过着"饭来张口，衣来伸手"的生活，是不能养成爱劳动的习惯的。同时，要自觉参加社会公益劳动，逐步养成为人民服务、为集体办事的好思想。只有这样，并长期坚持，才能养成良好的劳动习惯。

4. 学会劳动

每一种劳动都有它的技能、技巧，青少年应在劳动中学会掌握劳动的技能、技巧，并逐步学会在一种或几种劳动的设计、方法、工艺、产品等方面进行创新。掌握劳动的技能技巧，培养一定的劳动能力，对于青少年将来走上社会，自立、自强，甚至创造力的培养都有十分重要的作用。

随着时代的发展、社会的进步，体力劳动和脑力劳动的结合将会日益紧密起来。因此，培养劳动意识，养成劳动习惯，还包括要养成刻苦学习的好习惯，以使自己成为能够适应未来社会的体力劳动和脑力劳动相结合的新型劳动者。

（七）创新精神与创造能力的培养

1. 创新精神的培养

对于处在成长起步阶段的儿童青少年，创新精神和实践能力的培养就是要培养他们的创新勇气、创新意识、创新思维和创新技能，为他们将来成为各行各业的创造者奠定基础。

（1）培养儿童青少年的创新勇气

"新"是相对于"旧"而言的，创新意味着对旧秩序的否定，因此，创新需要勇气。创新勇气是创新行为的精神动力，它包含着推动社会进步、改善人类生活的美好追求，包含着改造旧世界、打破旧传统的强烈渴望；包含着不迷信权威、不拘泥成规的可贵品格。

培养儿童青少年的创新勇气，需要为他们营造一个安全、自由的心理空间。研究结果表明，心理安全和心理自由是保护儿童青少年创新天赋的两个最重要条件。在现实生活中，影响儿童青少年心理安全和心理自由的因素到处存在，一个突出的表现就是中小学生学习课业负担及心理负担过重。因学习成绩而产生的忧虑以及考试带来的压力，束缚了儿童青少年的心理自由，影响了他们的心理安全。因此，切实减轻中小学生的过重课业负担，有效减轻他们的精神负担，是培养儿童青少年创新勇气必须解决的重要问题。

（2）培养儿童青少年的创新意识

创新意识体现了人对创新的自觉追求。具有了创新意识的人就会时时想创新、处处想创新、事事想创新。强烈的创新意识，可以帮助人从平常的生活中发现不平常的地方，从而找到创新的突破口，带来更多的成功机遇，还可以帮助人从为创新而付出的辛勤劳动中得到乐趣，把追求创新成果的艰苦历程变成充满热情和喜悦的人生旅程。

培养儿童青少年的创新意识，需要为他们创造一个推崇创新、鼓励创新的生活环境。知识经济时代比以往任何时候都需要创新，国家和民族的发展从来没有像今天这样更依赖于创新。对个人而言，唯有创新才能成就一番事业，赢得美好生活；唯有创新才能充分施展才华，更好地报效祖国。学校、家庭、社会应该密切合作，把创新推动社会进步的事例和创新人才的榜样介绍给少年儿童；引导青儿童少年到社会生活中发现和认识创新的重要意义，支持他们的创新行为，为他们提供良好的条件；要帮助儿童青少年正确对待创新中遇到的挫折，引导他们认识失败的价值，让他们在愉悦的创新体验中逐步强化创新意识。

（3）培养儿童青少年的创新思维

创新思维是指通过对已有信息进行加工得出新认识的活动。创新思维具有新颖性、敏锐性、发散性、灵活性、形象性等特征。创新思维是创新活动的核心，创新成果无一不是创新思维的结果。具有了创新思维的人，就能在学习中创新、在生活中创新，如同掌握了打开创新宝库的金钥匙。

培养儿童青少年的创新思维最有效的方法是开展创新思维训练。目前，许多学校开设了创新思维训练课，取得了显著效果。创新思维训练大致有五种：

①按照儿童青少年认知规律安排的认知型训练。

②结合各科教学进行的渗透型训练。

③结合发明方法编排的技法型训练。

④侧重于训练形象思维的右脑型训练。

⑤从社会生活的各个方面选材进行的综合性训练。

学校和家庭可以结合自身资源和儿童青少年的特点，在专业人士的指导下，引导儿童青少年开展创新思维训练。

（4）培养儿童青少年的创新技能

创新技能反映的是创新主体的专业能力，包括动手操作能力、使用工具能力、知识和方法的运用能力、创新成果的表达能力及表现能力、物化能力等。创新技能是创新活动取得成功的重要一环，没有创新技能，再美妙的创意、再完美的设计也只能是空中楼阁。

培养儿童青少年的创新技能可以从培养动手能力入手，让他们自己动手，使其身心和谐发展，提高他们的全面素质；能加深他们对所学知识的理解，激发他们的学习热情；能使他们的创新思维更加贴近现实，产生实际效果；能使他们看到自己的创新成果，体验创新带来的快乐。

2. 创造能力的培养

人的创造素质通过创造力表现出来。创造力是一种综合能力，这种能力是在创造欲望的驾驭下，以独特、新颖、实用为目标，建立在观察、想象、思维和操作等诸多能力基础上的一种更高的能力。

（1）创造的动力——好奇心

创造的动力，来源于人渴望认识世界的激情，来源于人的好奇心。一个对自己的学习和从事的工作缺乏激情的人，常常对学习和工作处于一种十分被动、消极的状态，不能振作精神去充分发挥自己的才能和潜力，当然谈不上创造性地去学习和工作。黑格尔说："要是没有热情，世界上任何伟大的事业都不会成功。"如果有了学习和工作的激情，就能调动身心巨大的潜力，使之达到超乎寻常的状态，就会长时间地、一心一意地扑在学习和工作上，即使遇到巨大的困难，也不会气馁,就会产生不达目的誓不罢休的努力。

(2)创造的翅膀——想象力

生命的活力来自想象。一朵含苞待放的花朵悄然开放,想象会对你说春天即将来临;一群大雁从头上飞过,想象会让你长出一双翱翔蓝天的翅膀。有了想象,从没去过草原的人,可以从"天苍苍,野茫茫,风吹草低见牛羊"的诗句中感受大草原的辽阔与苍茫;有了想象,你才会明白"问渠那得清如许"中包罗万象的种种原委;有了想象,云彩会向你招手,微风会向你歌唱;有了想象,天涯近在咫尺,远古的钟声会在夜深人静的时候为你缓缓敲响。

(3)创造的核心——思维力

创造素质的核心是创造性思维。许多人以为,只有少数杰出的科学家和艺术家才具有创造性思维。但是,近年来的研究和实践证明,创造性思维不是科学家和艺术家所独有的,在儿童青少年身上同样蕴藏着创造性思维的潜能。在学习过程中,要注意创造性思维能力的培养。

(4)创造中的非智力因素

构成创造素质的要素除人的智力因素外,还包括非智力因素。心理学家对于成功人士的研究发现,他们之所以成功,其非智力因素起了很大的作用。非智力因素包括的内容很多,通常我们指的是这样一些因素:广泛的兴趣与热情、远大的志向与行动、坚强的意志、良好的心境、鲜明的个性特点等。

(5)创造性地学习

几乎从启蒙那天开始,我们开始受到这样的教诲:每个问题只有一个正确的答案;或者"这是规矩""不能这样""不能那样",等等。诚然,就做人的行为准则而言,必须遵循一定的道德规范。但是,就知识的获取、科学的创造探求而言,条条框框的束缚却是非常可悲的,结果是使人变成了科学知识的奴隶——书呆子。因此,在科学知识的领域,应该从条条框框中挣脱出来,还思维与想象的自由。只有努力寻求多种答案的行为才能产生新主意和新发明。学会创造性地学习可以使我们在未来的社会中永远立于不败之地。

第六章　素质教育实施的途径

第一节　实施素质教育的教学途径

一、实施素质教育的基本途径

实施素质教育的基本途径是教学，课堂教学是实施素质教育的主渠道。对教学的研究是素质教育的重点课题。本书对教学的研究，即指素质教育的教学。

（一）教学的概念

教学，是在教育目的规范下的、教师的教与学生的学共同组成的教育活动。通过教学，学生在教师有计划、有步骤的积极引导下，主动地掌握系统的科学文化知识和技能，发展智力、体力，陶冶品德、美感，实现全面发展。

教学与教育这两个概念的关系，是一种部分与整体的关系。教育包括教学，教学只是学校进行教育的一个基本途径。除教学外，学校还通过课外活动、生产劳动、社会活动等途径向学生进行教育。

教学与学生在教学中的自学紧密联系。教学由教与学两方面组成，其中，学既包括学生在教师直接教授下的学习，也包括学生为配合教师上课而进行的预习、复习与独立作业等自学活动；而教的目的就是要不断提高学生的自学能力，使其能够独立自主地自学。但是，教学与学生在教学之外独立进行的自学有严格的区别。后者是学生独立自主进行的学习，根本不同于教学中的预习、复习和作业。教学不包括这种学生自主进行的自学。

（二）教学是学校实施素质教育的基本途径

教学是一种专门组织起来传授知识的活动，因而通过教学能较简捷地将人类积累起来的文化科学知识转化为学生个人的精神财富，有力地促进他们的身心发展，使青少年学生的个体发展能在较短时期内达到人类发展的一般水平，从而保证社会的延续和发展。学校要卓有成效地实现教育培养目标、造就合格人才，必须以教学为主，并围绕教学这个中心安排其他工作，建立学校的正常秩序。

教学能够有目的、有计划地将教育的各个组成部分包括德育、智育、体育、美育、劳动技术教育的基本知识传授给学生，促进学生德智体美劳全面发展，因而教学成了学校对学生进行全面发展教育，把他们培养成为合格人才的基本途径。只有提高教学质量，才能提高教育质量，保证人才质量；只有以教学为主才能提高教学质量。中华人民共和国成立以来，我国教育实践的经验和教训，从正反两个方面证明：学校坚持以教学为主的原则，教育质量就能提高，反之，教育质量就会下降。

坚持以教学为主，并不意味着可以轻视其他的教育活动。对学生的培养，不仅要通过教学，而且要通过课外活动、劳动、社会活动进行。所以，学校以教学为主，一定要全面而妥善地安排教学和其他各种教育活动，建立正常的教学秩序，使学校的整个工作与活动都能有条不紊地进行，以便全面提高学校教育的质量。

（三）对教学过程的认识

教学过程是一种特殊的认识过程。教学过程主要是引导学生掌握人类长期积累起来的科学文化知识的过程。学生循序渐进地学习和运用知识的认识活动是贯穿于教学过程始终的主要活动。学生是有意识的能动主体，教材所包含的知识及其所反映的客观事物是他们的认识客体，他们只有在掌握知识和运用知识，包括联系实际和进行社会交往的能动的活动中，才能使自身获得发展、提高。所以，教学过程要受认识论的一般规律所制约，要注意调动学生的学习主动性、积极性，遵循"从生动的直观到抽象的思维，并从抽象的思维到运用于实践"。这是认识真理、认识客观存在的辩证的途径。教学过程是学生个体的认识过程，具有不同于人类总体认识的显著特点。

间接性，主要以掌握人类长期积累起来的文化科学知识为中介，间接地认识现实世界。

引导性，需要在富有知识的教师引导下进行认识，而不是独立完成。

简捷性，走的是一条认识的捷径，是一种文化科学知识的再生产。

正如马克思所说，再生产科学所必要的劳动时间，同最初生产科学所需要的劳动时间是无法相比的，例如，学生在一小时内就能学会二项式定理。这些特点是教学时必须注意的。

教学过程只有既遵循认识论的一般规律，又充分注意学生认识的特点，才能组织和进行得科学而有成效。

二、素质教育教学的基本要求

随着教学实践的发展，人们对教学规律认识的深化，对教学的要求逐步形成共识。有些教学要求被公认为教学原则，要求教师们在教学过程中必须遵守。这些原则也是实施素质教育的教学中必须遵循的基本要求。

（一）科学性和思想性相统一

科学性和思想性相统一，是指教学要以马克思主义为指导，授予学生以文化科学知识，并结合知识教学对学生进行思想品德和正确人生观、科学世界观的教育。它是培养德、智、体、美、劳全面发展的人才的要求，是建设社会主义物质文明和精神文明的要求，体现了我国素质教育教学的根本方向和质量标准。

科学性是思想性的基础，不讲科学性，把错误的知识也传授给学生，就是误人子弟，根本谈不上思想性；思想性又是科学性的灵魂，没有思想性就影响了科学性。因为只有通过正确的观点、方法才能揭示事物的本质与规律，建立科学的知识体系，使学生形成的正确概念。

在教学过程中，教师如果脱离教学的具体内容，空泛地向学生进行说教或节外生枝、生拉硬扯地进行思想教育，不仅会打乱和削弱传授知识的系统性，影响学生对知识的理解，而且往往会引起学生的反感。在结合教学内容进行思想教育时，要注意各学科的特点。如果对所有学科都不加以区别，一律按政治课的要求来教，也是错误的和有害的。教师除通过教学内容讲授进行思想教育外，还要通过教学活动的各个方面，包括坚持课堂纪律，进行练习、作业、辅导、考试与评分等，向学生提出严格的要求，结合他们的现实表现、优点与缺点、成绩与问题，有针对性地进行教育，引导他们长善救失，养成各方面的良好品德。

（二）理论联系实际

理论联系实际，是指教学要以学习基础知识为主导，从理论与实际的联系上去理解知识，注重运用知识去分析问题和解决问题，达到学懂会用、学以致用。理论联系实际是人类进行认识或学习应遵循的一个重要原则，也是教学应遵循的重要原则。我国古代教育家十分重视知与行的关系的研究，发表了很多深刻的见解，不过他们对知行的研究侧重在道德修养方面。教学的主要任务是向学生传授知识，而书本知识对学生来说是一种间接经验，故教学应注意理论联系实际。这样才能解决好教学中的间接经验与直接经验、感性认识与理性认识、讲与练、学与用的关系，使学生自觉地掌握和运用知识。

教学一定要引导学生学好理论，以理论为主导。没有理论就谈不上联系实际，对学生尤其这样。为了使学生能自觉掌握各学科的基本知识、学科结构，教师必须注意联系实际进行知识的讲授：联系学生的生活经验、已具有的知识、能力、兴趣、品德的实际；联系科学知识在生产建设和社会生活中运用的实际；联系当代最新科学成就的实际等。只有注意理论联系实际，教学才能生动活泼，使抽象的书本知识易于被学生理解、吸收，转化为对他们有用的精神财富，而不至于造成学生囫囵吞枣，掌握的是一大堆无用的空洞死板的概念。

（三）启发教学

进行启发教学，是指在教学中教师要承认学生是学习的主体。注意调动他们的学习主动性，引导他们独立思考，积极探索，生动活泼地学习，自觉地掌握科学知识，提高他们分析问题和解决问题的能力。

学生的认识过程是在教师指导下进行的能动认识过程。没有教师的引导，学生的认识就不可能高效和迅捷。但学生是学习的主体，掌握知识毕竟要靠他们的观察、思考和操作，教师不应该也不可能包办代替。如果轻率地告诉学生问题的答案，或代他们完成，轻则造成学生的依赖性，影响他们的独立思考和作业能力的发展，重则使他们失去学习上的自信心。所以，教学要重视启发，充分调动他们的学习主动性、积极性，发挥学生自身的聪明才智。

中外教育家都很重视启发教学。孔子提出了"不愤不启，不悱不发"的著名的教学要求，这是"启发"一词的来源。后来，《学记》中又发展了启发的思想，提出"道而弗牵、强而弗抑、开而弗达"的教学要求，阐明了教师的作用在于引导、激励、启发，而不是牵着学生走，强迫和代替学生学习。在西方，苏格拉底在教学中重视启发，他善于用问答方式来激发和引导学生自己去寻求正确答案，苏格拉底这种方法被称为"产婆术"。教师在引导学生探求知识过程中起着"助产"的作用。文艺复兴后许多教育家都重视调动学生的主动性，强调启发教学。第斯多惠在提倡启发教学上的名言是："一个坏的教师奉送真理，一个好的教师则教人发现真理。"

（四）循序渐进

循序渐进是指教学要按照学科的逻辑系统和学生认识发展的顺序进行，使学生系统地掌握基础知识、基本技能，形成严密的逻辑思维能力。如果教学不按一定顺序、杂乱无章地进行，学生学习就会陷入紊乱而没有收获。中国古代思想家朱熹提出："循序而渐进，熟读而精思。"明确提出了循序渐进的教学要求。在国外，夸美纽斯主张"应当循序渐进地来学习一切，在一段时间内只应当把注意力集中在一件事情上"。乌申斯基指出："知识只有形成了系统，当然是从事物本质出发来形成的合理的系统，才能被我们充分掌握。脑子里装满了片断的、毫无联系的知识，那就像东西放得杂乱无章的仓库一样，连主人也无法从中找到他所需要的东西。"布鲁纳要求学生掌握学科的知识结构。按照循序渐进的要求进行教学，首先是由科学知识本身的严密系统性决定的，其次还由于学生认识是一个由简单到复杂的逐步深化的过程。只有循序渐进，才能使学生有效地掌握系统的知识，发展严密的逻辑思维能力。

（五）注重知识的可接受性

注重知识的可接受性是指教学的内容、方法、质量和进度要适合学生的身心发展规律，是他们能够接受的，但又要有一定的难度，需要他们经过努力才能掌握，以促进学生身心健康发展。教学中传授的知识只有符合学生的接受能力，才能被他们顺利地转化为自己的精神财富。

（六）因材施教

因材施教是指教师要从学生的实际情况、个别差异出发，有的放矢地进行有差别的教学，使每个学生都能扬长避短，获得最佳的发展。我国古代教育家孔子善于根据学生的不同特点，有针对性地进行教育，以发展他们各自的专长。宋代思想家朱熹把孔子这一经验概括为："孔子施教，各因其材。"这是"因材施教"的来源。

学生的身心发展各有其特点，尤其在智力才能方面更有他们各自的所长，只有因材施教，才能扬长避短，把他们培养成为社会上各种有用的和杰出的人才。许多科学天才、体育明星、歌星、舞者等有特殊天赋和才能的人，早在儿童少年时期便已开始显露头角，这是因材施教的坚实基础。每个教师都有职责去发现人才和培养这些人才。因材施教不仅能提高教学质量，而且能为国家更好地培养人才。

三、素质教育教学的组织形式

素质教育教学的组织形式可以分为基本组织形式和辅助组织形式两种。基本组织形式是班级上课。班级上课也是素质教育教学的基本组织形式。

（一）教学的基本组织形式——班级上课制

我国学校的教学仍以班级上课为基本组织形式。班级上课具有其他教学形式无法取代的优点，在提高教学质量和效率上仍能起主要作用。它的主要特点与功能如下：

1. 班级上课有严格的制度，能保证教学的正常开展并达到一定质量

班级上课在自身发展过程中形成了一整套严格制度：如按年龄、知识编班分级制度；学年、学期和学周制度；招生、考试、升留级和毕业制度；作息制度；

课堂纪律与常规等。教学制度化、规范化和科学化，保证教学活动周而复始地正常运转并获得一定质量保障。

2. 班级上课以课为单位进行教学

每节课45分钟左右，完成一定数量的知识、技能教学；上完一节课，略作休息，又进行下一节课，劳逸结合。这样，教学工作便能连续地、有节奏地进行下去，符合学生身心发展和认识规律，保证学生能精力旺盛地学习。特别是课的类型日益多样化及其功能的不断完善，只要善于选择和利用就能有成效地进行教学。

3. 班级上课便于系统地传授各科知识

班级上课制能以周课表方式科学地安排各科教学，使之有条不紊地交错进行，确保学生循序渐进地学习和掌握各学科的知识，完成预定的教学计划。

4. 班级上课能够充分发挥教师的主导作用

各国的教学实践都反复证明，迄今为止最能充分发挥教师在教学中的主导作用的仍是班级上课这种教学形式。实际上，它就是为充分发挥教师主导作用、最大限度提高教师工作效率和使各科教师协调一致对学生进行教学而形成，并不断得到改进和完善的。班级上课通过发挥教师的主导作用，不仅能够有效地使学生掌握系统的科学知识与技能，而且还能通过因材施教、加强个别指导学生的独立作业以弥补其自身难以照顾学生个别差异的缺陷。

（二）教学的辅助组织形式

教学活动除以班级上课（课堂教学）外，还要采用多种辅助的教学组织形式，以巩固、加深和补充课堂教学的知识，弥补课上在照顾学生个别差异、进行因材施教方面的不足。这些教学辅助组织形式与上课不同，有它们的特点：它们不需要通过课堂形式而往往在课外进行；每次活动不严格限定为45分钟，时间可长可短；对学生的要求因人而异、因材施教，不一定要面向全班，可以采取小组活动或个人作业形式进行。这些教学的辅助形式主要有：作业（课外作业）、参观、讲座、辅导等。

1. 作业

作业包括课外作业与课堂作业两种，二者联系密切，是对课堂知识技能的复习、巩固和运用，是教学的一种辅助形式。在当前，由于强调减轻学生负担，有些学校采用"一刀切"的办法，完全取消了课外作业，这不是正确的做法。学生在课外进行独立作业在教学中具有重要意义：首先，教师在上课时授予学生的基础知识、基本技能，只有通过学生独立作业、经过他们独立思考与操作才能被他们消化、掌握和巩固。否则，教学成效甚微。而且不通过作业也无法发现学生学习中的问题，发现不了问题就既不能给学生及时的指导，也不能帮助教师改进教学。其次，通过作业能够培养和提高学生的自学能力、动手能力和创造性。因为在课外作业中，学生必须运用自己的聪明才智独立地分析问题、解决问题、检验正误、自我评价以及思考如何改进自己的学习，特别是碰上较复杂的问题，更需要发挥创造性来攻克难关。课外作业便于对学生因材施教，对成绩优异者和有特殊兴趣与专长的学生，可以多指定一些作业与参考书，以发展他们的志趣、个性与专长。

2. 参观

参观是根据一定的教学目的组织学生到一定场所，通过对实际的事物进行观察、询问以获取知识的教学活动形式。参观在教学中具有重要意义。参观是一种必不可少的教学辅助形式。首先，参观能使教学和实际生活紧密地联系起来，给学生以大量的实际知识，有助于学生更好地领会课堂所学的书本知识；其次，它能扩大学生的眼界，激发学生的兴趣与求知欲，学到许多课堂上学不到的知识；最后，能使学生在接触社会现实和访问英雄模范人物过程中受到深刻的思想教育。

3. 讲座

讲座是由教师不定期地向学生讲授与学科有关的趣闻或新的发展，以扩大他们知识面的一种教学活动形式。它的内容与学生所学的课程有关，但不在教学大纲范围之内，而是对学科内容的扩充，具有一种科普性质。这种教学形式具有多方面的意义：能扩大学生的知识面，激发学生的兴趣，培养学生对科学的热爱；宜于因材施教，可以满足那些对某些学科有特殊爱好的学生的求知需要，发展他们的志趣和特长，为国家发现和培养特殊人才；能活跃学校的学术气氛，使学生关心文化科学的发展，养成良好的学风与校风。

4. 辅导

辅导是根据学生的需要由教师给予引导、启示、咨询和指点，以帮助他们完成独立作业的一种教学活动形式。辅导的内容一般包括：使学生明确作业的目的、要求与方法；对学生进行必要的启发、诱导、示范；解答学生的疑难，使知识深化、系统化；发现学生学习中存在的问题及其原因，并帮助他们纠正。辅导可分为：个别辅导、小组辅导、集体辅导。

辅导在教学中具有重要意义：辅导从学生的需要与存在的问题出发，有的放矢，能具体解决他们的疑难，使学习能顺利进行和完成；便于因材施教，给成绩优异者以特殊指导，给掉队者补课；可以发现课堂教学存在的问题，及时进行补救和改进。

四、素质教育的教学方法

(一) 教学方法的概念

教学方法是为完成教学任务而采用的办法。它包括教师教的方法和学生学的方法,是教师引导学生掌握知识技能,获得身心发展而共同活动的方法。过去把教学方法只看作教师为完成教学任务、传授知识技能、指导学生学习的方法,则难免失之偏颇。在一个相当长的时期里,我们的教学实践只重教而不重学,只重教法的研究而忽视学法的探讨。只重教师主导作用而忽视学生主体作用,在一定程度上与这种认识有关。事实上,教学方法始终包括教师与学生共同进行的教与学双边的活动,这是教学方法的重要特点。从强调教学方法是教师的教法发展到是在教师引导下师生配合进行教学的方法,这是教学方法在理论和实践上的重大进展。

为了有成效地教学,在运用教学方法时,还要考虑方法采用的方式和各种方法之间的组合。所以,要掌握教学方式、教学方法组合等概念。

教学方式是构成教学方法的细节,是教师和学生进行的个别管理活动或操作活动。例如,运用讲授法,教师可以用提问题的方式讲,也可以不用提问的方式讲,可以用演绎推导的方式讲,也可以用归纳概括的方式讲;而学生既可以聚精会神地听,也可以边听边在课本上做些记号与说明或边听边记。这些方式表现在不同学科和不同的师生身上又各有特点。可见,教学方法是一连串的有目的的活动,它能独立完成某项教学任务。而教学方式只被运用于方法,并为完成教学方法所要完成的教学任务服务,它本身不能独立完成一项教学任务。但不能因此否定教学方式的独立意义,因为同样的教学方式,可以被运用于不同的教学方法中。

教学方法组合是指在一定教学思想指导下,在长期的实践过程中形成的具有稳定特点的教学活动的模式。如传授—接受教学、问题—发现教学等,就是现代教学中最有代表性的两种教学方法组合。它们的构成离不开教学的基本方法。但每一种教学方法组合都有自己的指导思想,具有独特的方法结构和教学功能。它们对教学方法的运用,对教学实践的发展有很大影响。可以说,上述两种教学方法组合在运用中的互相排斥、互相渗透并自我完善,推动了教学的发展和提高。

要有成效地完成教学任务,必须正确选择和运用教学方法。常有这种情况,有的教师教学效果不太好,并不是因为他没有水平,而是由于教学不得法,特别是在部分教师思想中,还存在着重教学内容、轻教学方法的倾向。我们提倡以系统的观点为指导来选择教学方法和教学手段,以便使教学过程优化,发挥出它的最佳整体功能。一般来说,教学方法和手段的选择主要依据如下八个方面。

①教学目的和任务。
②教学过程规律和教学原则。
③本门学科的具体内容及其教学法特点。
④学生的可接受水平，包括生理、心理、认知等。
⑤教师本身的条件，包括业务水平、实际经验、个性特点。
⑥学校与地方可能提供的条件，包括社会条件、自然环境、物质基础等。
⑦教学的时限，包括规定的课时与可利用的时间。
⑧预计可能取得的真实效果。

教学是一种创造性活动，选择与运用教学方法和手段要根据各方面的实际情况统一考虑，万能的方法是没有的，只依赖于一两种方法进行教学无疑是有缺陷的。"教学有法，但无定法。"每个教师都应当恰当地选择和创造性地运用教学方法，表现自己的教学艺术和形成自己的教学风格。

（二）中小学常用的教学方法

我国中小学常用的教学方法有：讲授法、谈话法、读书指导法、练习法、演示法、实验法、实习作业法、讨论法、研究法。

1. 讲授法

讲授法是指教师通过语言系统连贯地向学生传授知识的方法。语言是传递经验和交流思想的主要工具。讲授是教学的一种主要方法，运用其他方法，都需要配合以一定的讲授。

2. 谈话法

谈话法也叫问答法。它是教师按一定的教学要求向学生提出问题，要求学生回答，并通过问答的形式来引导学生获取或巩固知识的方法。谈话法特别有助于激发学生的思维，调动学生的积极性，培养他们独立思考和语言表述的能力。初中，尤其是小学低年级常用谈话法。谈话法可分复习谈话和启发谈话两种。复习谈话是根据学生已学知识向学生提出一系列问题，通过师生问答形式以帮助学生复习、深化、系统化已学的知识。启发谈话则是通过向学生提出问题，一步一步引导他们去深入思考并探取新知识。

3. 读书指导法

读书指导法包括指导学生预习、复习、阅读参考书、自学教材等。指导预习，要向学生提出要求，进行启发，扫除某些阅读障碍，使学生通过阅读能初步了解课文，为学新课做好准备。指导复习，要提出明确任务、布置作业，以便加深对课本知识的理解和巩固。指导阅读参考书，要指定适合的读物或限定内容，因材施教、因人而异提出要求，并给予知识上和方法上的指导，逐步培养学生的自学能力。指导学生自学教材，是在教师启发和辅导下，学生以自学的形式来学习新课，它有助于调动学生学习的主动性和培养、提高学生的自学能力。近年来，指导学生自学教材的方法日益受到重视。

4. 练习法

练习法是学生在教师指导下运用知识去反复完成一定的操作以形成技能、技巧的方法。练习也是教学的一种基本方法。它应用很广，各年级、各学科都须进行不同的一些练习。练习的种类很多，按培养学生不同方面的能力有：各种口头练习、书面练习、实际操作练习；按学生掌握技能、技巧的进程有：模仿性练习、独立性练习、创造性练习。

5. 演示法

演示法是教师通过展示实物、直观教具或实验使学生获得知识或巩固知识的方法。演示的特点在于加强教学的直观性。随着教学手段的现代化，演示的内容大大扩充，它的作用日益重要。演示不仅是帮助学生感知、理解书本知识的手段，也是学生获得知识、信息的重要来源。

6. 实验法

实验法是在教师指导下学生运用一定的仪器设备进行独立作业，观察事物和过程的发生和变化，探求事物的规律，以获得知识和技能的方法。实验法的优点在于它能按教学需要创造和控制一定的条件，引起事物的发生和变化，使学生看到事物的因果关系，不仅有助于学生理论联系实际，掌握实验操作技能，而且有助于培养学生对科学实验的兴趣和求实精神。实验法可分感知性实验和验证性实验两种：前者在进行新课之前做，为学新课做好感性认识的准备；后者在讲完新课后做，检验所学原理，巩固知识。

7. 实习作业法

实习作业法是学生在教师的指导下进行一定的实际活动以培养学生实际操作能力的方法。这个方法在自然学科教学中是必不可少的。如数学的实地测量、地理的地形测绘、物理与化学的生产技术实习、生物的植物栽培和动物饲养等，都是很有价值的实习作业。进行实习作业与练习、实验一样，都是为了运用知识于实际。但实习作业的实践性、独立性、创造性更强，能使学生学到书本上学不到的知识。

8. 讨论法

讨论法是学生在教师指导下为解决某个问题而进行探讨，辨明是非真伪以获取知识的方法。学生通过讨论、争辩，掌握的知识更深刻、准确，思考问题和语言表达的能力更敏捷。讨论法的种类很多，既可以是整节的课堂讨论，也可以是几分钟的讨论；既可以是全班性的讨论，也可以是小组的讨论。

9. 研究法

研究法是学生在教师的指导下通过独立的探索，创造性地解决问题，获取知识和发展能力的方法。一般来说，学生要解决的问题都是社会和科学上已解决了的问题，大部分问题所包含的原理都作为基础知识列入教材中。不过，这对学生来说尚是新的。在教师不做讲解而只提供一定素材、情境的条件下，解决这些问题需要学生进行创造性的研究活动，即需要通过分析、研究所提供的资料、情境，提出问题，做出假设，进行实验和验证等一系列活动，来获取科学知识。

研究法的特点是由学生完成比较复杂的课题或独立作业。所以，它的突出优点是能使学生在研究和解决问题过程中得到极大的锻炼和提高，逐步掌握研究问题的方法和形成创造性地分析问题和解决问题的能力。

第二节　学校课外活动

一、课外活动的概念

认真组织学生的课余活动，是学校教育的一个重要方面。中国教育历史上就有组织学生课余活动的实践。中国古代教育著作《学记》指出："时教必有正业，退息必有居学。"说明古代学校就既有正课学习，又有课余活动。苏联著名教育家苏霍姆林斯基认为，课外活动是学生"智力生活的策源地"，通过课外活动使"青少年迈上了科学思维的道路"。他认定课外活动是学生"个性发展的一个重要条件"，"只有当孩子每天按自己的愿望随意使用5~7个小时的空余时间，才有可能培养出聪明的、全面发展的人来。离开这一点去谈论全面发展，谈论培养素质、爱好和天赋才能，只不过是一些空话而已"。

（一）课外活动的含义

所谓课外活动是指学校在课堂教学任务以外有目的、有计划、有组织地对学生进行的多种多样的教育活动。它是学生课余生活的良好组织形式。课外活动具有灵活性、开放性、综合性、兴趣性、自主性的特点。

（二）课外活动的作用

课外活动的任务在于根据自身的特点组织和指导学生的课余生活，积极促进学生全面发展，培养学生的独创性和个性。课外活动有其自身特点，具有独特的教育作用。

（1）充实学生的生活

扩大学生活动领域，拓宽学生视野，提高学生适应能力。中小学生精力充沛、兴趣广泛。学生不仅好奇，有了解社会和自然、获取知识、探索真理的愿望，而且好动，有进行各种活动和体育运动的需要。组织丰富多彩的课外活动，能使学生的课余生活更充实、健康，富于乐趣。在课外活动中，学生不受教学计划的限制，广泛接触科学技术、文化艺术、体育运动。这对于学生了解科学技术的动态，拓宽文化视野，形成高尚情操，提高适应能力和应变能力，会起到重要作用。

（2）激发学生的兴趣爱好，发展学生的特长培养学生的开创精神和创造才能。

根据学生的特点和需要组织课外活动，让他们根据自己的兴趣、爱好，有选择地参加学科知识、科学技术、文学艺术或体育运动等不同类型的课外活动。这不仅能满足他们的精神需要，而且还会进一步激发他们的求知欲望，发展他们的兴趣和特长。更为重要的是，课外活动给学生提供了展示才能的广阔天地，学生在课外活动中可以独立地运用自己的知识、智慧，发现问题，分析问题，解决问题，克服所遇到的困难。通过活动，学生能进一步认识自己的特点，看到自己的力量，乐于进取和开拓。课外活动在培养学生的主体意识、创造意识，发展学生的独特个性方面具有不可取代的作用。

二、组织课外活动的基本要求

课外活动是学校教育活动的有机组成部分。开展课外活动必须有利于促进学生德、智、体、美、劳全面发展。课外活动要紧密结合国家建设实际，结合现实生活，通过活动使学生体验到自己的学习与社会主义建设事业的联系，从而激发政治热情，提高思想觉悟，树立为祖国现代化建设而学习的远大理想。学校课外活动要尽量使学生接触新事物，了解国内外新形势，了解科技文化的新发展，并从中受到教育和鼓舞。学校组织课外活动要注意内容健康、格调高尚，防止不健康的情调对学生的影响。同时，还要注意将教育寓于活动之中。

儿童青少年兴趣广泛、求知欲强、富于幻想。因此，课外活动应具有科学性、知识性、趣味性。课外活动的形式应当多种多样，内容要丰富多彩，能够满足学生的要求，使他们的兴趣、爱好向积极方面发展。

学生是课外活动的主体。他们根据自己的兴趣、爱好自由选择参加活动，根据自己的意愿和理解独立自主地组织并进行活动。发挥学生在活动中的主体作用和创造精神，除活动要符合学生实际、能够引起学生兴趣外，最主要的就是让他们在活动中动手动脑，独立思考，参与活动的设计、实施、管理、评价等全部过程。通过活动运用知识、深化知识，提高技能，增长才干，使他们真正成为学校课外活动的主体。

在课外活动中，强调学生的主体作用和创造精神，并不意味着忽视教师的指导作用。教师是活动的指导者。教师应当帮助学生选择参加的活动项目，为学生进行活动提供条件,并在活动中给学生启发、诱导,从知识技能、思想倾向,以及活动的组织等各个方面给学生以辅导,帮助他们解决疑难问题。强调教师的作用是为了更好地发挥学生的主体作用和积极创造精神。

学校要加强对课外活动的组织领导,将其列入教学计划,聘请有关学者、专家、科技人员和具有专长的家长来校辅导。此外,还要注重充分发挥学校共青团、少先队、学生会等学生组织的作用。

三、课外活动的基本组织形式

学校课外活动按照参加人数的规模可以分为群众性活动、小组活动和个人活动三类。

(一)群众性活动

群众性活动可以吸收大批学生参加,有利于活动的普及,同时,也为活动的提高提供基础。这类活动主要有以下五种形式。

1. 报告或讲座

这是普及科学技术知识、文化艺术知识和进行思想政治教育常用的一种形式。这些活动包括关于国内外形势的时事报告,庆祝节日、纪念日的专题报告,学习英雄模范人物先进事迹报告、科普讲座、文艺讲座等。这些报告或讲座的主讲人,可以是教师、辅导员,可以是专家、教授,也可以是英雄模范人物。对于某些报告或讲座,还可以由高年级学生或有一定特长的学生承担,使学生听来更感亲切,容易收到好的效果。这些活动可以由学校领导组织,也可以由共青团、少先队、学生会或学生社团组织举办。

2. 集会

群众性集会能有效地传播知识和思想,形成一定声势,给学生留下深刻印象。群众性集会包括:革命节日、传统节日、重大事件的群众性集会;与科学家、作家、英雄模范的见面会;文史、数理、科技等各种科学晚会;纪念性的、知识性的、娱乐性的诗歌朗诵会、音乐欣赏会、文艺表演会等。

3. 比赛

比赛是深受学生欢迎的群众性活动,包括体育竞赛、学科竞赛、智力竞赛、书法比赛、科技表演等。这些活动能引发学生的积极性,培养集体荣誉感和奋发向上的精神。

4. 参观、访问、调查、旅行

这是组织学生进行群众性实地学习的良好形式。例如,参观重大建设项目,祭奠烈士陵园,参观各种纪念馆、展览馆,访问英雄模范人物,调查社会民情、建设成就以及各项改革，游览名胜古迹、名山大川，等等。这些活动能使学生增长见识才干，拓展阅历，陶冶情感，在潜移默化中受到教育。

5. 社会公益活动

组织学生参加社会公益的活动，如帮助孤寡老人、军烈属料理家务，宣传交通安全，维持公共秩序，参加植树造林、绿化美化环境等。在节假日和日常的课余时间组织学生参加社会服务活动是很有意义的。通过这些活动，能使学生扩大与社会的接触，产生情感交流，树立为人民服务、为社会尽责的思想，形成劳动观点，养成劳动习惯。组织这类活动要充分考虑学生的年龄和体力，处理好与课堂学习的关系，占用的时间比例要适当。

（二）小组活动

小组活动是学校课外活动的基本组织形式，这类活动机动灵活、小型多样，能让学生获得学习和实践各个专项活动的机会，有助于学生扩大和加深某些方面的知识，发展他们的兴趣、爱好和特殊的才干。由于小组活动能满足学生课外活动的需要，因此它的开展状况已成为衡量学校课外活动的开展状况及其水平的一个重要标志。

课外活动小组可以根据学生的要求和学校的条件组织。小组的人数不宜过多，其成员应是对这项活动有兴趣、爱好的学生，小组的指导可由教师担任，也可以到校外聘请有专长的人担任。小组开展活动要制订计划和必要的规章制度。小组活动的成绩要注意总结，可以通过汇报、展览等形式展示出来，以巩固成果，增进信心，推动活动的发展。

学校课外活动小组的内容、任务与各学科紧密相关。因此，组织指导好活动小组是学科教研组的一项重要任务。各任课教师应当关心、支持和指导课外小组开展活动。这类活动主要有以下四种形式。

1. 学科小组

这是按照学科建立的各种兴趣小组，是学生课外活动的重要形式。它对学生学习和运用某门学科的知识有积极的作用。一些开展得很好的小组活动，甚至对学生以后选择职业、在工作上做出优异成绩都会产生深刻的影响。学科小组一般按年级组织。随着年级的升高，小组活动范围可随之扩大，程度可随之加深。有的小组根据其活动内容和特点，也可以吸收其他年级的学生参加。

2. 技术小组

这是以实践作业为主的兴趣小组。例如，金工、木工、电工、化工小组，气象小组，航空、航海模型小组，摄影爱好者小组，以及计算机、应用光学、现代通信、农业技术等各种技术小组。技术小组的活动要结合国家经济建设发展的需要，结合本校、本地区的实际情况，因地制宜。在活动中要特别注意引导学生学习新的科技知识，了解国内外科技发展的新情况、新趋势。技术小组活动最为重要的就是组织学生进行实践作业。小组活动的任务主要通过学生的实践作业来实现。

3. 艺术小组

这类活动小组包括音乐小组、舞蹈小组、乐器小组、戏剧小组、美术小组等。这些小组通过艺术欣赏、艺术观摩，以及自身的艺术实践，能使学生获得审美知识，树立正确的审美观，发展对艺术的兴趣和创作才能。艺术小组的活动不仅使小组成员受到教育，而且能够活跃全校的气氛，丰富学生的课余生活，使学生受到美的感染。

4. 体育小组

体育小组是将对体育活动有特别兴趣和爱好的学生组织起来进行体育技巧训练的组织。学生在小组里的活动主要是项目训练。这样一方面可以锻炼身体、增进健康，另一方面又满足了学生对某项运动的爱好，提高运动成绩。开展体育小组活动，还能够从中给国家体育运动员队伍输送、培养有前途的好"苗子"，为提高体育运动水平、繁荣我国体育事业做出贡献。

（三）个人活动

个人活动是学生在教师指导下进行课余的独立作业的活动。例如，阅读各种书籍、独立观察实验、制作教具模型、进行艺术创作等。这种活动便于充分发挥每个学生的积极性和创造性。

第三节　社会实践教育

一、社会实践教育的概念

社会实践教育可以从广义与狭义上来理解。广义的社会实践教育是指青少年学生参加的一切实践活动。狭义的社会实践教育是指学生们参加的各种具有教育价值的，面向社会，接触群众，联系实际的校内外活动。当前，我国中小学校开展的实践教育属于狭义的社会实践教育。

就狭义的社会实践教育而言，按它与现行教学计划的关系来看，可分为教学计划内的社会实践活动，如教学实验、生产实习、军事训练、公益劳动等；教学计划外的社会实践活动，如勤工助学、学生社团、社会调查、咨询服务等。当然，以完成一定教育任务为目标、以青少年学生为主体的社会实践活动，与以改造客观世界为目标、以社会其他成员为主体的社会实践活动存在一定的区别。

青少年学生参加社会实践活动是全面贯彻教育方针，培养"四有"新人，实现学校教育目标的重要途径，是学校教育工作的重要组成部分。事实上，人的思想、才智、品质总是在不断的理论学习和实践观察、对比、检验中得到充实和丰富。一些正确的观点、认识，一定的能力、素质也都需要在实践教育过程中形成。显然，这种实践决不能局限于学校范围内。

在性质上，社会实践教育既有学校教育的属性，又有社会教育的属性，它是联结学校教育与社会教育的重要纽带。当然，实施和加强社会实践教育并不是要替代或冲击课堂理论教育；开展社会实践教育也不意味着课堂理论教育就可以不要改革和强化。作为实施素质教育的一个重要途径，社会实践教育的加强与课堂理论教育的改革同等重要，应该同步进行，相互促进。另外，也不能把社会实践活动等同于思想政治教育。

社会实践教育的根本目的是促进人的全面、充分发展，提高学生的多方面素质。这是一切社会实践教育的出发点与归宿。应注意避免为实践而实践的不良倾向，使社会实践教育活动健康、稳定地发展下去。

二、社会实践教育的内容

社会实践教育的内容十分广泛，选择社会实践教育的内容要考虑儿童青少年的年龄、性别、知识和经验等方面的差异，注意内容要求的层次性。中小学社会实践教育内容非常丰富，主要包括以下两种。

（一）适合小学生的社会实践教育活动

主要包括：课外兴趣小组活动，如采集标本、科技小实验、美术、征文、远足等；社会服务，如"文明小天使"活动、"红领巾安全活动月"活动等；公益劳动，如"城市美容天使""假日小队"等；自我管理活动，如"绿化小尖兵""红十字监督岗活动"等；家务劳动，包括社会家庭服务课、家务劳动课等。

（二）适合中学生的社会实践教育活动

主要包括：社会调查、"手拉手"行动；勤工助学、公益劳动、家务劳动；生产实习，包括校办工厂、农场的劳动；社会服务，包括志愿者服务队活动；军事训练（主要对高中生）；科技兴趣小组活动、主题团队会等。

三、社会实践教育的作用

社会实践教育活动对学生个体发展的作用是多方面的。社会实践教育活动的丰富多样性，决定了它对学生个性发展的各个方面，包括智能、道德品质、情感、身体素质和劳动技能等的发展有着良好的作用。

（一）社会实践教育对个性全面、充分发展的作用

当前，加强教育与社会生活的联系已成为世界教育改革的趋势，人们对社会实践活动的教育功能的认识日益深刻，并逐步形成了这样的共识：在重视基础理论的前提下，适当加强社会实践教育，是培养具有健全个性的一代新人的重要途径。社会实践教育有利于学生深入社会、联系工农、了解国情、增强社会责任感；在社会实践活动中，学生经受了艰苦生活的锻炼，培养了独立生活的本领；学生在活动中学会了团结互助，培养了集体主义精神。

社会实践教育还有助于优化学生的智能结构。按现代生产、生活对人的素质的基本要求，劳动者的智能结构包括知识、能力和精神三个方面。合理的智能结构对知识构成又有三个要求：一是要有扎实的基础知识；二是要有广博的知识面；三是要能不断吸收新知识。对能力构成也有三个要求：一是思维力、想象力、记忆力和观察力等要有合理的发展；二是要有较强的自学能力；三是要有较好的独立分析和解决问题的能力。对精神、态度也有三个要求：求实精神、开放态度和创新意识。随着生产、生活的现代化发展，劳动者的智力化是必然要求，因此，培养学生合理的智能结构，意义十分深远。目前仍然存在的学生的动手能力不强，创新意识、竞争意识淡薄，社会适应能力较弱，依赖思想较重的现象，这些都与社会实践教育的薄弱有关。这一状况如不改变，学生素质就不会有真正的全面提高。

（二）社会实践教育对提高学生的创造力的作用

提高学生的创造力，培养创造型人才，是现代教育追求的目标之一。过去人们把创造力看成是某些人的先天禀赋。这种看法已被现代心理学的研究结果所否定。人们开始把目光放到任何一个正常儿童身上，他们都具有创造的潜能。而要提高一个人的创造力，就必须在智力因素与非智力因素两个方面进行培养。社会实践活动利于学生创造力的提高，正是借助于提高他们的智力因素和非智力因素水平来实现的。

社会实践活动对学生智力因素水平的提高，其作用主要表现在：

第一，社会实践活动能够向学生提出课堂理论教育中没有的现头课题，激发他们的智慧火花。

第二，社会实践活动能够锻炼学生的技能、技巧，发展他们以动觉为主体的感知觉，扩大他们的视野和知识，丰富经验，为思维活动提供素材。

第三，社会实践活动能够激发学生的求知欲，迁移学习兴趣，增进思维能力和想象力的发展。创造性实践活动，往往是青少年学生创造火花的"导火索"。

第四,社会实践活动要求学生对活动过程有一定的计划性,对活动结果有一定的预见性,因而能够发展他们的分析、推理、综合等思维能力和思维的灵活性、创造性的品质。

第五,参加社会实践活动,尤其是生产劳动和科学实验,有助于学生思维力,特别是操作能力和技术的发展。

第六,社会实践活动有助于提高学生的非智力因素水平。非智力因素一般包括个体的兴趣、情感、意志、态度、性格、价值观和气质等。以生产劳动为例,它十分有利于培养学生吃苦耐劳的性格和坚强的意志。因为一种单调的劳动,有时会很乏味,这可能是学生从未体验过的,它做起来虽简单,但要坚持下去却要有耐心,需要有坚强的意志力。此外,在社会实践活动中,还要求学生学会处理人际关系的方法和技巧,这对他们交往能力的培养也很有利;社会实践活动还有助于在活动中培养学生的合作态度。

第七,社会实践活动有助于学生智力因素与非智力因素的有机结合。社会实践活动是一个手脑并用的过程,实践活动不是简单地"做",而且是运用已有知识、技能和能力"做"的过程。学生在实践活动中既能体现他们的智力水平,也能体现他们的非智力因素状况。

(三) 社会实践教育对促进个体社会化的作用

当代社会,随着科技的迅猛发展,世界各国无不受到来自信息化浪潮的冲击。我国在迈向现代化的进程中,社会的变化对青少年学生提出了新的要求,又为他们的成长提供了特殊的环境。随着社会各部门之间联系的复杂化,整个社会变得越来越远离自然状态,成为人化的社会。因此,青少年学生不仅要学会复杂的操作本领,还要学会认识复杂的社会。依据联合国教科文组织所倡导的精神,要让学生学会生存、学会关心。也就是说,教育要面向未来使一代新人从只关心自我的圈子里跳出来,学会关心社会和国家的经济、生态利益;关心全球的生活条件;关心真理、知识和学习;关心他人,关心家庭、朋友和同行;关心自己和自己的健康。青少年学生要在复杂的社会中生存、发展,克服自我中心倾向,实现个体社会化,仅靠校内的课堂教学是远远不够的。

为了促进青少年学生的社会化进程,一些国家进行了教育改革,在经过广泛讨论的基础上,最后用法律形式公布,要把教育与社会、学校与家庭联系起来,要将学生的学习生活与丰富的社会生活融为一体;并认为,学校作用无论有多大,都不能把正在成长的一代人的教育仅仅局限于学校之内。这种增强学校教育活力的做法,被认为是培养创造型人才,迎接新时代挑战的决策。

（四）社会实践教育对学生职业定向的作用

在现代社会中，职业结构、就业结构都会随着产业结构的变化而不断调整。这意味着人们的就业方式的多样化和职业结构的复杂化。在这种情况下，为了使学生能在未来职业生活中掌握主动权，各国都开始重视对学生进行职业定向教育。

我国职业定向教育尚处于初始阶段。根据国外开展职业定向教育的经验，职业定向教育的实质就是解决普通中学教育同就业市场的结合。它是一件处在社会与个人、职业与个人交汇点上的工作，它既帮助社会选择合格的劳动力，也帮助个人选择合适的职业，并适应经济发展和社会分工多样性的要求。

职业定向教育并不是为学生选择未来的职业，而是对他们在选择职业时有所指导。从我国职业定向教育的现有条件来看，社会实践教育可以在学生职业定向中发挥以下作用：

第一，社会实践教育能够比较具体地、详细地向学生提供当地经济发展和劳动力市场的信息。

第二，社会实践教育使学生对职业要求、职业发展有概括性的了解。

第三，社会实践教育有助于培养学生的劳动观、正确的职业观和比较牢固的职业兴趣。

第四，社会实践教育有助于学生掌握一定的劳动技能、技巧。

第五，社会实践教育能帮助学生自觉地进行职业选择的准备工作并及时给予有效的指导。

第七章　思想政治工作视域下的素质教育

第一节　素质教育与思想政治教育的关联

一、大学生思想政治教育内含素质教育

大学生思想政治教育，顾名思义，特指以高校大学生为研究对象而开展的有针对性的思想教育实践活动。其目的在于关注大学生的思想素质培养工作，通过了解大学生在思想、心理、价值观念、思维方式、处事方式及社会行为等方面的变化，有针对性地采取合适、有效的干预方式来强化引导，使之与党和国家及社会发展要求相一致。其中所涉及的内容领域、影响程度及社会效果都具有广泛的适用性，是致力于服务大学生成长成才，促进大学生实现全面发展的教育实践活动。而作为素质培养实现方式的素质教育同为教育实践活动，这里所研究的也是以大学生作为对象来开展的，其主要通过传授"人之所以为人之道"来关注大学生内在品质的构建，更多强调的是一种潜移默化的熏陶内化的方式，因为它从教育类别上而言是一种后天养成性教育。它们的追求目标同为实现大学生的全面的自由发展。

当对二者进行比较时可发现，二者在研究对象、追求目标及理论渊源方面是相一致的；在外延范围上，素质教育是相对于自然科学技术素质教育而言的，有一定的范围，而大学生思想政治教育却是无处不在，尤其是在内容上既包含了人文素质教育的内容，同时也包含了自然科学技术素质教育的内容。当然二者之间也是有些许区别的，比如在主要工作内容上的侧重点不同、教育方式的有所不同，但这并不能影响大学生思想政治教育对素质教育的包含关系。素质教育为大学生思想政治教育奠定基础，大学生思想政治教育对其实施价值引导。

二、素质教育是大学生思想政治教育重要切入点

目前高校大学生思想政治教育工作队伍主要由党政领导、共青团干部、思想政治教育理论课教师、班主任、辅导员组成。主要承担着大学生群体间的党团思想宣传、思想动态及心理健康引导、三观的培育及养成、基层学生党团支部及基层学生党团人员的思想教育建设工作，同时担负着通识性思政课的教授职责。伴随着当前网络信息的快速传播，各种知识观念更新速度急剧加快，大学生在信息获取渠道、品位需求、理论接受能力方面也发生着变化，一定程度上影响着大学生思想政治教育课堂教学的思想引导作用，致使这类课程大学生逃课率颇高。选择一种什么样的方式作为切入点，扭转这种现象并增进大学生思想政治教育的实效性，这担子就落到了素质教育的肩上。

三、人文素质教育有助于大学生思想政治教育增强活力

大学生思想政治教育的教育形式主要依赖于传统课堂讲授教学为主，而且讲授过程中涉及的内容带有鲜明的政治色彩及规范性表达，讲授形式主要依赖于课本，由于学生对整个理论体系缺乏系统的学习而无理论基础支撑，所以在学习过程中会出现讲授内容丰富与学生实际理解接受能力不足之间相矛盾、讲授形式单一与学生实际心理需求之间相矛盾的情况。正是由于这种教育环境及教育内容的严肃性导致了所采取的教育方式缺乏灵活性与活力。素质教育，尤其是人文素质教育作为培养大学生素质、提升素养的主要途径，其内容涉及历史、哲学、心理、人际交往、文明礼仪等与日常生活息息相关的多种学科，且内容多来源于生活经验的直接总结，并能在人际交往、工作生活中得到具体的合适的理解运用。因此，素质培养的教育方式追求的是简约、明了、通俗易懂，追求的效果是学生主动接受并能潜移默化地影响其日常的行为习惯，培养的过程是互动的、交流的、活跃的，并不刻意强调学习者的理论基础储备及知识水平。在大学生思想政治教育过程中同时开展素质教育教学活动，将这种互动的、活跃的、交流的方式融入思政教育的日常教学中，让作为听众的大学生主动去思考、去交流、去争论，激发并展现其中的活力，在活力中增进思政教育的实效。

四、当前大学生思想政治教育对人文素质培养的特殊要求

时代环境的发展变化使得当前阶段的大学生思想政治教育面对的内外部教育形势更为复杂，在解决这种形势的过程中同样对与其联系紧密的人文素质培养提出了一些新的特殊要求，主要有以下四个方面的内容。

(一) 大学生思想政治教育最终目标是培养全面发展的人

大学生思想政治教育目标，是指高校教育者根据社会的发展要求与大学生的成长要求，通过思想政治教育活动使大学生的思想政治品德在一定时期内所要达到的预期结果。

这种目标设定不是单一的，而是复合的，是一个具有内在结构层次的目标系统。可以依照不同的标准来划分，如从时间方面来划分；从重要程度来划分；从实现程度来划分；从教育对象范围来划分；从目标层次来划分。但任何目标标准的设定均离不开对教育对象的关注，因此其所设置的目标追求，在具体实施过程中受党和国家针对大学生身心发展规律及目前实际育人环境而制定实施的一系列思想价值观念的引导，并且所有的类别目标都要服从且服务于追求的最终目标。所谓最终目标即所有目标层次中的最高追求，而非最后一个目标，这种目标设置与大学生成长规律及国家的性质是密不可分的。大学生思想政治教育的最终目标是马克思主义的实质与核心在大学生培养层面的具体体现，主要表现为实现内在精神、物质层面的极大丰富，而最终达到自由、全面的发展。而人的全面发展即人以一种全面的方式，也就是说，作为一个完整的人占有自己的全面本质。实际上这种目标追求无论在中华传统的哲学知识体系中，还是西方古代的哲学思想中，均是一直持续探讨的话题，即表现为对自己内心的追问。这种追问也深深地影响着当前人们的思考，我们该往何处去发展？我们该成为什么样的人？我们最终会在哪里？这种追问及目标追求也将影响着大学生思想政治教育的实现方式及日常的素质培养方式，要求着我们在追求实现经济、政治、文化、生态、社会等各领域的具体目标过程中关注人的生存状态，注重对人性的解放。这种以实现人的自由而全面的发展的最终目标追求，不仅是大学生思想政治教育的最终目标，而且也是大学生素质培养的最终目标追求。因为思想政治教育最终是要通过人的素质，尤其是思想道德素质的提高和潜能的发挥来促进生产力的发展，推动社会的进步。

(二) 大学生思想政治教育要凸显社会主义核心价值观教育

社会主义核心价值观是对社会主义核心价值体系精神内核的高度凝练，体现了社会主义核心价值体系的根本性质和基本特征，反映了社会主义核心价值体系的丰富内涵和实践要求，是社会主义核心价值体系的高度凝练和集中表达。在党的十八大以来，党中央高度重视高校开展大学生培育和践行社会主义核心价值观学习教育。并且习近平总书记也在多个场合多次作出重要论述、提出明确要求，指示各级党政部门围绕培育和弘扬社会主义核心价值观、弘扬中华传统美德进行集体学习并开展针对性的教育活动。《关于培育和践行社会主义核心价值观的意见》中指出：积极培育和践行社会主义核心价值观，是推进中国特色社会主义伟大事业、实现中华民族伟大复兴的中国梦的战略任务；对于巩固马克思主义在意识形态领域的指导地位、巩固全党全国人民团结奋斗的共同思想基础，对于促进人的全面发展、引领社会全面进步，对于集聚全面建成小康社会、实现中华民族伟大复兴的中国梦的强大正能量，具有重要现实意义和深远历史意义。将社会主义核心价值观教育融入大学生日常思想政治教育之中是其内在要义之一，通过凸显社会主义核心价值观教育，可以帮助大学生正确认识我们民族、我们国家、我们社会主义的成长历程及发展规律，系好人生第一颗扣子，明确我们当代大学生该往何处去发展、该如何去发展、该为谁去发展，更好地明确历史使命担当，将核心价值观内化于心外化于行，做好同龄广大青年的榜样与引导者，成长为合格的社会主义建设者与接班人。

大学生目前正处在三观养成的关键时期，在日常的思想政治教育中凸显社会主义核心价值观教育是必然的，也是必要的，这也是实现大学生全面发展在思想道德素质方面的具体体现。习近平总书记也在多个场合与青年们作了深入交流，要求在大学生思想政治教育过程中既要做好这些基础内容的传播，使大学生群体认识并将其刻画在脑子里；同时也可以将社会主义核心价值观与抗战时期形成的"长征精神""延安精神""西柏坡精神"；建设时期的"铁人精神""雷锋精神""焦裕禄精神""两弹一星精神"；改革开放时期的"抗洪精神""载人航天精神"等具体精神中一以贯之的为实现民族复兴、国家强盛、人民幸福的目标追求而在各行各业所涌现出来的榜样模范相联系起来，以身作则强化理解，开展大学生成长成才的思想价值观念引导。当然最重要的是能够将社会主义核心价值观的具体要求落实到我们日常生活的点点滴滴当中。

（三）大学生思想政治教育要重视大学生思想道德追求

任何社会的经济活动都同时也是人的一种道德活动。大学生思想政治教育除了日常的思政理论课程的讲授之外，还必须开展社会公德、职业道德、家庭美德等思想道德教育。其中社会公德是指在一定社会生活中，为了维持社会的正常生活秩序，全体社会成员应当遵守的一些最基本、最起码的公共生活准则，这也是评价社会成员文明行为的基本尺度；职业道德从自身职业的特点出发，确立具有本职业特征的道德准则和规范，以此调节和约束职业行为，促进行业文明新风的形成，提高全社会的道德水平；家庭美德指的是在家庭内部培养家庭成员的社会化，即使人懂得做人的基本道理和社会责任，以此保证广大人民的幸福生活，提高家庭生活的质量，促进社会文明健康发展。关于大学生思想道德培养，习近平总书记在同北京大学师生代表座谈时指出：广大青年学生要加强道德修养，注重道德实践。蔡元培先生也说过：若无德，则虽体魄智力发达，适足助其为恶。古语讲：德者，本也。思想道德之于个人、之于社会，都具有基础性意义，做人做事的第一位是讲究崇德修身。在大学生思想政治教育过程中重视大学生的思想道德追求教育，因为德是首要、是方向，一个人只有明大德、守公德、严私德，其才方能用得其所。修德，既要立意高远，立志报效祖国、服务人民的大德；也要立足平实，踏踏实实做好日常的小事情，在思想道德教育过程中学会劳动、学会勤俭、学会感恩、学会助人、学会谦让、学会宽容、学会自省、学会自律。社会主义思想道德建设是发展中国特色社会主义文化的中心环节，在开展大学生思想政治教育过程中重视大学生思想道德教育，实现全面提高大学生思想道德素质，提升思想道德修养，塑造思想道德榜样，培养积极健康向上的社会氛围与良好的社会发展环境。

（四）大学生思想政治教育要强化大学生人文精神培养

伴随着社会发展环境的变化，高校在人才定位方面的认识在不断完善，培养模式也在不断地摸索总结，同时曾被外界质疑在中国高校"已死"的高校精神也逐渐回归。所谓的精神是一种高度凝练的表达，无形地存在于整个大学生教育过程始终。我国的大学生人文精神培养曾经历过繁荣，也经历过专业教育的压制，目前在逐渐回归于正常的教学活动当中。具体表现为：人文课程设置的不断完善，人文教师队伍建设的不断提升，人文教学氛围逐渐形成，人文教育观念逐渐获得认同等，这些外在客观因素的改善是强化大学生人文精神培养的载体，而来自教育主体的成长需求则是其强化的根本动因。在大学生思想政治教育过程中明确加强大学生人文精神培养是实现高质量人才综合素质培养的重要组成部分，通过对内外部教育资源的整体优化，最终一方面利于达到教书育人、管理育人、服务育人、环境育人的目的；另一方面利于提升思想政治教育的实效，使大学生通过文化知识的学习、文化环境的熏陶、文化活动和社会实践的锻炼，以及人文精神的感染，提升人格境界，成长为合格的"四有"人才；同时促进大学生开阔视野、活跃思维，激发创新灵感，为他们在校学好专业及今后的发展奠定坚实的文化基础和深厚的人文底蕴，而成长为基础扎实、知识面宽、能力强、素质高的人才。强化大学生人文精神培养，从更深的层面和更综合的角度体现出了新时期社会发展环境对大学生德、智、体、美、劳全面发展的新任务与新要求，是新形势下落实发展全面实施素质教育的重要举措。因此，在大学生思想政治教育过程中强化大学生人文精神培养不但是适应客观条件变化的要求，更重要的则是做好大学生的思想价值观念引导工作的特殊要求。

第二节　大学生政治素质教育

培养21世纪的社会主义建设者和接班人，首要的任务是培养其政治思想素质。当代大学生作为未来的建设者和接班人，其政治思想素质如何，直接关系到21世纪人才的政治方向和中国的政治前途，也关系到大学生自身的发展。大学生只有清晰地把握时代脉搏和历史责任，坚定建设新时代中国特色社会主义的理想信念，才能成为建设社会主义的高素质人才。

一、政治及政治观

（一）政治的含义

我国古代思想家孔子说："不在其位，不谋其政。"（《论语·泰伯》）并多次明确地讲："政者正也，子帅以正，孰敢不正。""吾为正，则百姓从政。"（《论语·颜渊》）这里的"政"，是要求当政者先"正其身""正其心"，而后方可"正其人""治人"。也就是说，"政治"就是君王所实行的"仁治""德治""礼治"。可见，孔子的"政治"观，带有鲜明的伦理色彩。欧洲古代思想家柏拉图、亚里士多德等也认为政治是实现正义、为民谋义，以达到最高"善业"的行为。近代，我国伟大的民主革命家孙中山说："政就是众人之事，治就是管理，管理众人之事就是政治。"以上这些见解，虽然都从不同方面提出了对政治的看法，但是都没有深刻揭示政治的本质属性。

马克思主义认为政治现象是随着私有制产生而出现的，为了调节各阶级之间的利害冲突和社会发展而产生的。政治在上层建筑中处于主导地位，是政权中拥有的强制力，它是统治阶级赖以维护其经济基础，指导、组织和调节整个社会生产和生活的枢纽。因此，政治是处理各阶级之间的关系，集中的、直接的反映阶级之间的利害冲突，为统治阶级的经济利益服务。

（二）政治观的内涵

政治观是一个人的世界观、人生观在阶级关系问题上的表现，即对阶级关系问题的认识和处理时所采取的方法及坚持的态度。在今天就是人们对社会主义国家、民族、人民的利益，以及对自己从事的工作、事业所持的根本态度。具体表现在内容方面有：政治立场、政治品德、政治水平、政策水平四个方面。

第一，政治立场。立场问题是做人的根本。因为立场是和利益紧密联系的问题，它主要是指人们从一定的阶级地位和阶级利益出发所选择的最基本的政治行为准则，即立足点。据此，人们在观察国家问题和对待政治制度、政权机构、政党活动、法律制度和路线、政策时所抱的态度。一个人的政治立场,如果符合国家、执政党和广大人民群众的根本利益和要求,就是说站在无产阶级和广大人民的立场上,就是正确的;如果仅只是适合个体的利益、团体利益,甚至是极少数剥削阶级的利益,那么,他的立场就是错误的,或者是反动的。作为一个社会主义国家高等学校培养的大学生,一定要在思想、政治和道德品质上成熟起来,才能坚定共产主义理想信念,站在辩证唯物主义和历史唯物主义的立场上,同党中央在思想上、政治上保持高度一致。

第二,政治品德。主要是忠于人民、忠于党、忠于社会主义祖国;热爱真理、追求真理、坚持真理、服从真理;坚持对党负责和对人民负责的一致性;具有鲜明的党性原则;襟怀坦白、光明磊落、表里一致、言行一致;公而忘私、无私的奉献精神,等等。只有具备这种政治品德的人,才懂得如何处理马克思列宁主义、毛泽东思想等重要思想和专业知识的关系,明确政治上坚定是如何做人的正确方向。这样,才能像白求恩那样,做一个无产阶级的革命战士。

第三,政治水平。主要是拥有在政治上辨别是非的能力;政治敏感程度、政治警惕性高低及熟悉自己工作的特点,善于从实际出发,正确运用客观规律做好自己的本职工作等,它往往与政治觉悟、理论素养相关。理论水平越高,政治水平也就越高。这样,就能在社会变动、开放和纷繁的国际交往中,明确政治方向,保持应有的方向而不动摇,做一个政治立场坚定的人。

第四,政策水平。主要指认识党的政策、理解党的政策、执行党的政策水平,就是说能够按照党的政策,结合实际情况正确区分和处理不同性质的矛盾,如区分政治问题、思想意识问题、认识问题和学术问题等。政策水平就是要善于分清不同问题的界限,把握好正确的政治方向和坚持在马克思主义基本原理的前提下,努力学习、独立思考、大胆创新,才能实现党的奋斗目标,为建设中国特色的社会主义做一个有贡献的人。

二、政治思想素质及其结构组成

政治思想是一个人的世界观、人生观在社会阶级关系问题上的表现。在今天就是人们对国家、民族、人民的利益及对自己从事的工作、事业所持的根本态度。它对人们的行为、活动带有明显的指导和制约的性质,其影响遍及社会生活的各个领域,如世界观、人生观、价值观、道德观等,所有这些重大人生问题无不受制于政治思想素质的高低。

(一)政治素质的含义

所谓政治思想素质是指人们从事社会活动所必需的内在基本条件和基本品质,

它是个人的人生观、价值观、政治立场、政治方向、政治观念、政治技能的集中表现。大学生政治思想素质主要表现在三个方面：第一，是指世界观、人生观、价值观方面，要求树立马克思主义的世界观和人生观，能够运用辩证唯物主义和历史唯物主义的观点去观察问题、分析问题、解决问题。正确地看待社会和人生，全心全意为人民服务，克服和抵制拜金主义、享乐主义和极端个人主义等腐朽思想的侵蚀。第二，是指现代思想观念方面，要求树立现代意识，如竞争意识、效益意识、公民意识、民主法治意识、平等意识、科学意识、信息意识、改革开放意识等。第三，是指政治立场、政治观念方面，要求树立共产主义理想和信念，具有坚定正确的政治方向，坚持四项基本原则，拥护党的社会主义初期阶段的各项路线、方针和政策。自觉抵制各种错误思想的影响，主动参加到全面建成小康社会的伟大实践中，并为之努力奋斗。

一个人的政治思想素质与他在社会生活中的位置和政治生活经历有关。它是随着个人的成长，在长期社会生活中逐步形成、发展和成熟的。因此，政治思想素质是一个动态概念，它带有鲜明的时代烙印、阶级内容和一定的个性色彩。由于不同的时代、不同的阶级及不同的经济和政治利益的制约，人们的政治思想素质是不同的。即使同一时代同一阶级，政治思想素质也会因为人们在社会生活中所处地位的不同而有很大差别。

新世纪的大学生是社会主义现代化事业的建设者和接班人，因此，党和国家对大学生的政治思想素质有较高要求。新世纪的大学生应具备的基本政治思想素质是：树立科学的世界观、人生观和价值观，具备进步的现代思想观念，坚持党的基本路线，具有坚定的社会主义信念、强烈的爱国主义情操和高尚的集体主义精神，努力学习，立志成才，积极投身于全面建设小康社会的伟大实践中。

（二）政治素质的结构组成

第一，马克思主义基本理论观念是政治思想素质的核心。马克思主义是大学生树立科学的世界观、人生观的基础，是认识社会政治现象的武器，可以使大学生正确理解政治本质，把握政治与经济的矛盾运动规律，比较好地解决人们存在的关于社会发展与社会冲突方面的认识问题。马克思主义基本理论可以帮助大学生增强抵制市场经济条件下的各种不正确的价值观念，击败西方的"西化"和"分化"图谋。

新世纪的大学生必须注重学习以下基本观点：辩证唯物主义和历史唯物主义观点，人民群众是历史创造者的观点，建设中国特色社会主义的观点。辩证唯物主义和历史唯物主义是马克思主义的科学的世界观和方法论，也是大学生观察社会政治现象的理论指南，人民群众是历史创造者的观点，包括人民群众是社会财富创造者的观点，人民群众是社会变革决定力量的观点，以及人民群众创造历史作用的社会制约性的观点。邓小平理论及习近平总书记系列讲话是马克思列宁主义的基本原理同当代中国实践和时代特征相结合的产物，是毛泽东思想在新的历史条件下的继承和发展，是马克思主义在中国发展的新阶段，是当代中国的马克思主义，是中国共产党集体智慧的结晶，引导着我国社会主义现代化事业不断前进。它科学地把握了社会主义的本质，第一次比较系统地初步回答了在中国这样一个经济文化比较落后的国家，如何建设社会主义，如何建设党，用新的思想、观点，继承、丰富和发展了马克思主义，反映了对中国社会主义和中同共产党建设规律的认识，洋溢着鲜明的时代特色和民族精神，是中国共产党在新时期各项工作的根本指针。

第二，爱国意识是政治思想素质的前提。爱国意识是世世代代巩固起来地对自己祖国的一种深厚的感情，是一种为了祖国的自由独立、繁荣昌盛贡献力量的高度政治责任感和不惜牺牲一切的献身精神。这种感情集中表现为民族自尊心、自信心和自豪感。

爱国意识是政治思想素质的前提。这是因为，其一，爱国意识是我国每个社会成员都必须具备的政治思想觉悟，是全国各族人民、各个阶级、阶层和社会集团最基本的政治思想基础。全国各族人民从长期的切身体验中，深知国家的繁荣、富强和统一，是自己的最高利益。其二，爱国意识是走向更高层次政治思想觉悟的出发点和基础。只有对祖国和人民思之切、爱之深，真正关心祖国和人民前途命运的人，才有可能把实现社会主义和共产主义作为自己的理想。

爱国意识既是一个历史性范畴，又是一个实践性范畴，它总是与一定历史时期国家、民族具体的历史相联系，与特定历史时期广大人民的现实追求相联系。中华民族具有悠久的世代相传的爱国主义传统。这种爱国意识虽然在不同历史阶段表现出不同的内容和特点，但也有其共同的基本内容和特点，这就是：辛勤劳动、不畏艰险，不断地丰富和发展中华民族的物质和精神财富，为人类文明进步做贡献；反对民族分裂，维护国家统一和民族团结，维护祖国的主权和独立；在外敌入侵面前，团结对外，奋起反抗，直至彻底战胜侵略者，为祖国富强人民幸福不懈奋斗。当前，我国社会主义爱国意识的主要内容是全面推进社会主义现代化建设，争取祖国统一，维护世界和平。实现全面建设小康社会的宏伟目标，是社会主义爱国意识的集中表现。

第三，社会主义信念是政治思想素质的根本。这是因为，坚定的社会主义信念，能激发人们学习科学知识，提高工作能力的积极性、主动性；能鼓舞人们克服困难，奋勇拼搏；能使他们正确对待自己，正确对待人民群众，为人民利益而勇于献身。坚定的社会主义信念能使他们的政治要求与党和人民的要求一致，使他们的政治行为有利于社会主义事业。

社会主义政治信念的主要内容是：社会主义是人类社会历史上的全新的社会制度，它必然取代资本主义，这是社会历史发展的趋势；中国走社会主义道路，是近代社会矛盾发展的必然结果；坚持党的基本路线一百年不动摇。

邓小平同志郑重地提出，基本路线要管一百年，动摇不得。这是关系党和国家兴衰成败的问题。历史、现实都告诉我们：只有坚持党的基本路线，才能得到人民的信任和拥护。只有坚持党的基本路线，坚定不移动地干下去，才能基本实现社会主义现代化。坚持党的基本路线不动摇，关键是坚持以经济建设为中心不动摇，坚持党的基本路线不动摇，必须把改革开放同坚持四项基本原则统一起来。中国特色的社会主义之所以具有蓬勃的生命力，就在于它是实行改革、开放的社会主义。我们的改革、开放之所以能够健康发展，就在于它是有利于巩固和发展社会主义的改革开放。坚持四项基本原则，坚持改革、开放，都是为了发展生产力。

第四，集体主义观念是政治思想素质的基础。集体主义是无产阶级思想意识在道德观念、人生价值观念上的反映，表现了无产阶级和劳动人民的整体利益，体现着个人利益和社会集体利益的辩证统一。集体主义的基本内容是：坚持集体主义高于个人利益；坚持集体利益和个人利益的有机结合；坚持个人利益服从集体利益。

大学生集体主义观念主要表现在三个方面：其一，集体主义人生观，主要是指在马克思主义世界观的指导下，体现社会主义时代精神和社会要求的人生观。其二，集体主义价值观，个人的价值是在集体中体现的，人生价值反映了个人与集体和社会的关系。个人离开了集体无所谓人生价值，这是因为，人作为价值主体和客体，表现了自身的双重性特点，是自我价值与社会价值的统一。其三，集体主义道德观，主要是要求大学生在学习、工作和生活中自觉坚持集体主义道德原则，主要包括三个方面，即关心集体，增强集体责任感；遵守法纪，增强组织纪律性；刻苦学习钻研，掌握为人民服务的本领。

第五，现代思想观念是政治思想素质的重要组成部分。21世纪是知识经济时代，科技的迅速发展和信息化的广泛运用，导致经济全球化和国际社会结构的变化，为新世纪的大学生提供了前所未有的施展才能的机会，同时也使他们面临严峻的挑战，竞争将会更加激烈，人才所需的素质需要不断提高。同时，对新世纪的到来，人类社会也必将在政治、经济生活中有更新更高的发展。民主、法制的不断发展与健全是现代社会的重要特征，只有民主法治建设不断加强，现代社会才能健康发展。新世纪人才的民主、法治意识的加强，必将推动社会的政治进步，为经济发展、人民生活水平提高提供一个更加公平、合理、有序的社会环境。另外，新世纪的大学生还必须具备科学意识、信息意识、改革开放意识、实效意识、创新意识等。这些现代思想观念是新世纪的大学生政治思想素质的重要组成部分。

（三）政治素质的特点

政治素质的特点就是在于它的社会性、阶级性和人民性。所谓社会性，是就人的本质而言的。人不能孤单的生存，而只能在结成一定的政治关系、经济关系等人际关系之中存在和发展。这就是人类世代不绝，发展永存的真正原因。阶级性是一个人在现实生活中，对社会、国家制度的前途和命运，对执政党的核心地位，对社会、国家建设的基本路线，对自己从事的工作等，所具有的基本政治倾向、政治观点和政治态度。这些就是一个人政治素质阶级性的具体表现。人民性是指任何个人都是人民中的一个个体成员，人民是社会历史的主体和推动力量。任何个人的政治见解只有反映人民的利益、愿望和要求，而且形成本阶级的路线和政策时，通过人民的实践，才能真正发挥它的作用。可见，政治思想素质的社会性、阶级性和人民性是一致的。我们在大学生政治思想素质培养中，必须把它们有机地结合起来，使大学生明确认识政治思想素质的概念，努力提高自身的政治素质，使自己在政治上坚定起来。

三、大学生政治素质教育的要求

（一）坚持以马克思列宁主义、毛泽东思想为指导

马克思列宁主义、毛泽东思想，不仅是革命和建设的指导思想，而且是每个人做人的指导思想。

1. 马克思列宁主义、毛泽东思想是科学的世界观和方法论

马克思主义、毛泽东思想是无产阶级和劳动人民争取解放和建设社会主义，实现共产主义的思想武器，它是整个人类历史上最伟大、最宝贵的精神财富。马克思列宁主义是在总结各国工人运动经验的基础上，吸取和改造了人类历史上最优秀的文化遗产，进行了长期的科学研究，概括了自然、社会和思想发展的一般规律，阐明了共产主义代替资本主义是人类历史发展的必然规律，从而为无产阶级的解放和社会主义现代化建设指出了光明正确道路的理论。因此，马克思主义不是在工人运动中自发产生的，而是在无产阶级反对资产阶级的阶级斗争发展到成熟阶段的产物和理论表现。

一百多年来，国际共产主义运动的历史，充分证实了马克思主义理论的指导作用，以列宁为代表的马克思主义者，坚持并把马克思主义发展到列宁主义阶段，提高了俄国工人阶级的理论素质、政治素质，率领俄国工人阶级通过武装起义和十月革命，推翻了沙皇政权，建立了无产阶级专政。从此，改变了整个人类历史

前进发展的方向，昭示了实现共产主义社会这个人类历史发展的方向，也为人们规定了如何做人的政治方向。

2. 坚持马克思列宁主义是中国革命胜利的重要历史经验

五四运动以后，我国的新民主主义革命应当用什么"主义""思想"作为指导呢？以毛泽东同志为代表的中国共产党人很明白："我们应该学习的是布尔什维克的聪明。我们的眼力不够，应该借助于望远镜和显微镜。马克思主义的方法就是政治上、军事上的望远镜和显微镜。"他还说"对于中国共产党说来，就是要学会把马克思列宁主义的理论应用于中国的具体的环境。成为伟大中华民族的一部分，而和这个民族血肉相连的共产党员，离开中国特点来谈马克思主义，只是抽象的空洞的马克思主义"。毛泽东同志正是在中国革命的具体实践中，把马克思列宁主义中国化为毛泽东思想。因此，毛泽东思想是马克思列宁主义普遍真理同中国革命具体实践相结合的产物，是中国共产党人集体智慧的结晶。因此，坚持毛泽东思想，就是坚持发展的马克思列宁主义，这是中国革命胜利的历史经验，也是我们做人的指导思想。

3. 马克思列宁主义、毛泽东思想是我们建设中国特色社会主义的行动指南

毛泽东思想是马克思列宁主义思想宝库中完整的科学思想体系的一部分，是客观真理。我们应当深刻理解，马克思列宁主义、毛泽东思想是一个完整的科学的思想体系，是我们成为无产阶级革命战士的科学世界观。它的立场、观点和方法，它的基本理论原则，是我们行动的指南，是建设中国特色社会主义须臾不可离开的指导思想。还因为，马克思列宁主义、毛泽东思想是团结、统一全党全国各族人民的共同思想基础。为了把我国建设成为社会主义现代化强国，我们就必须以马克思列宁主义、毛泽东思想永远作为行动指南。

（二）坚信中国共产党是领导我国社会主义建设事业的核心力量

习近平总书记指出："在中国，发展社会主义民主政治，保证人民当家做主，保证国家政治生活既充满活力又安定有序，关键是要坚持党的领导、人民当家做主、依法治国有机统一。"每一个中国人都知道：没有中国共产党就没有新中国，没有中国共产党，就没有中国特色社会主义的现代化。因此，坚持和拥护党的领导，是全国各族人民在长期斗争中做出的历史性选择。可是，共产党的领导有失误，党内存在着腐败现象，为什么还要坚持党的领导呢？因为，党和一个人一样，世界上没有不犯错误的人，也没有不犯错误的政党。如今，在执政党内确实产生了某些官僚主义、命令主义、以权谋私、腐化堕落等脱离群众的现象。这些现象都和马克思主义政党的性质，同"全心全意为人民服务"的宗旨是根本不相容的。正因为如此，党中央才下决心，并带头纠正党内不正之风，对情节严重的给予党

纪、政纪的严肃处分，甚至绳之以法。坚持真理、修正错误是我们党一贯坚持辩证唯物主义和历史唯物主义的立场的表现，也是我们党具有旺盛生命力和巨大威力的表现，过去，我们党采取了这个立场，结果转危为安，转败为胜；现在，我们党仍然采取这个立场，坚决、果断地采取有力措施，克服党内腐败现象和不良作风，赢得了全国人民的拥护和爱戴，一定能够在社会主义现代化建设中取得新的更大的胜利。因此，加强党的建设，坚持党的领导是取得现代化建设胜利的根本保证。

（三）永远把坚定正确的政治方向放在首位

所谓政治方向，在现阶段就是指我们各族人民的共同理想、发展经济的战略目标、根本任务和党的基本路线，中心是发展社会生产力。这个方向是由历史唯物主义所阐明的，中国社会发展规律所制约的。我们选择和辨别这个方向的能力，不是从天上掉下来的，或与生俱来的。作为一名大学生，只有学习和掌握马克思主义、毛泽东思想的基本原理，学会用马克思主义的立场、观点、方法去分析、认识中国的实际问题，才能够提高政治思想素质，坚定前进的方向。

四、大学生政治素质教育的途径

政治思想素质的提高，一是要注重学习理论，增长理性知识；二是要注重理论联系实际，参与社会实践，把理论知识内化为自身素质，不断修正、探索、凝练、升华，切实提高政治思想素质；三是要加强政治思想修养，提高理论水平和政治心理品质，坚定正确的政治方向。

（一）学习政治理论

大学生朝气蓬勃，生机盎然，是人的一生中充满活力的时期，也是人的主观能动性最大限度发挥的时期，他们对各种政治影响的接受是积极的、有选择的和富于创造性的。因此，大学生学好政治理论对于培养和提高自己的政治思想素质是非常必要的。

1. 系统学习马克思列宁主义、毛泽东思想

对大学生进行系统的马克思主义教育，重点是使学生学会用马克思主义观察问题、分析问题、解决问题的立场、观点和方法，学会在马克思主义的指导下思考和分析社会政治现象，研讨政治问题。坚持理论联系实际的原则，不回避社会热点问题，对这些问题敢于并善于做出马克思主义的回答和解释。

2. 学习政治法律知识，提高民主法治意识

民主与法治是现代社会的重要特征，依法治国与以德治国相结合是我们的基本治国方略。社会越发展，民主法治水平就会越高，而民主法治水平的提高，必

然会促进社会的进步。因此,新世纪大学生,要不断增强民主意识,提高参政、议政能力,为治理国家献策献力,为建设我们自己美好的国家而奋斗。同时,要不断加强法治观念,学习法律知识,增强依法治国的观念、意识,做到知法、懂法、守法,用法律规范约束自己的行为,学会用法律手段判断是非和维护自己的合法利益。党的十六大明确提出:21世纪前十年,经济体制改革的目标就是要建立比较完善的社会主义市场经济体制,保持国民经济持续快速健康发展。经济体制改革的不断深化,必然引起人们的思想意识和行为方式的转变,促使人们平等意识、民主意识和主体意识的发展,推动社会主义的民主、法制建设。同时,市场经济也必然使个人与个人、个人与集体、集体与集体之间的利益冲突加剧。因此,新世纪大学生作为市场经济的参与者必须具有相应的法制意识和法律知识,依法参与市场经济生活。

(二) 积极参与社会实践

积极参与社会实践,有利于培养大学生的政治情感,使大学生在认识社会政治现实的同时,产生愿意接受马克思主义政治观的内在趋向,有利于大学生明确自身的政治责任和历史使命。新世纪大学生只有投入到社会现实中去锻炼,才能对政治和社会有亲身体验,从而提高自身的政治素质和现代思想观念,增强政治行为能力,提高合作意识、竞争能力和创新能力。因此,大学生要勇于参加社会实践,在实践中提高政治思想素质,锻炼成才。

新世纪大学生的社会政治实践是在马克思主义指导下的社会实践活动。组织大学生参加社会实践要注意解决好四个问题:一是社会实践和大学生的专业知识拓宽相结合;二是减少社会实践的自发性、盲目性,增强针对性、自觉性,大学生要有意识地主动参加有利于提高自身政治思想素质的实践活动;三是要注重让大学生在实践中培养竞争能力、合作意识和创新精神,积极投身到现代社会实践中去,到改革开放的前沿去,感受新的技术、新的管理思想和新的文化,增强现代思想观念,使大学生毕业后能很快融入现代社会生活中去;四是要注重理论联系实际。

在社会实践中,大学生使已有的政治知识和政治经验重新得到实践的检验,并通过实践发现真理和证明真理。作为教育工作者,要注重引导启发,使他们自觉做到理论联系实际,全面提高学生的思想政治素质。

思想政治修养是指一个人为了适应社会需要,在政治方面形成一定的素质并达到一定水平所进行的长期学习和实践活动。人的政治思想修养不仅对其知识的把握、理智的形成、才能的进步起着促进作用,而且对其在社会生活中养成一定的良好习惯,对提高每个人的素质乃至整个国家和民族的素质,对提高社会的文明程度都起着举足轻重的作用。它是主体的自身要求,是通过内在努力塑造自我形象的要求。

(三) 加强政治修养的途径和方法

加强政治修养要注意从三个方面入手:

(1) 要学习掌握正确的世界观和方法论。由于人们的世界观支配人们的言行,各种具体的思想和工作方法都是在一定方法论指导下形成的,所以有正确的世界观和方法论,才能有正确的立场、观点、方法,才能有良好的政治思想素质,因而学习马克思主义的世界观和方法论是政治思想修养的首要内容。

(2) 要树立正确的政治方向。新世纪大学生要成为社会主义的建设者和接班人,必须永远把坚定正确的政治方向放在首位。

(3) 要培养良好的政治心理品质。要全面提高大学生的政治思想素质,必须培养其良好的政治心理品质。解决好政治理想和政治现实的心理反差、改革期望值高于改革实际的心理反差、学校的政治教育与社会不良风气碰撞造成的心理反差等。唯其如此,才能使大学生在政治上真正成熟起来。

21世纪是一个崭新的世纪,世界将会步入以信息化为特征的知识经济时代,这就必然对我们新世纪大学生提出了更高的要求。新世纪大学生处在一个瞬息万变的时代,要正确把握自己,就必须培养和提高自己的政治思想素质,坚定正确的政治方向,准确分析国内外形势和时空条件,确立适合自己的成才目标,树立为社会主义现代化事业而奋斗的崇高理想,只有从这三个方面入手,才能真正成为21世纪中华民族的坚实的脊梁。

第八章 素质教育与思想政治工作的融合发展

第一节 思想政治教育是素质教育的灵魂

在人的全面整体素质中,思想政治素质是根本,是主导,是重点,是基础,并对素质其他要素的发展具有导向、动力和保证作用,具有素质的其他要素所不可具有的功能,因而构成了人的全面素质的核心和灵魂部分,是最重要的素质。当前,突出强调思想政治素质最重要的素质,还有很深刻的社会背景。下面将从三个方面来加以论述。

一、思想政治教育在素质教育的地位、作用和功能

(一)思想政治教育在素质教育中的地位

思想政治教育包括思想教育、政治教育、道德教育和心理教育。思想政治教育在素质教育中的地位是由其自身内容的重要性所决定的。下面从思想政治教育的各方面加以分析。

1. 思想教育是根本

思想教育之所以是根本,并处于指导地位,一方面,它的内容归根到底是受具有总体性的世界观、哲学支配的。

思想教育的内容,如前所述,既涉及世界观、人生观、价值观,也涉及思维方式。而这些内容作为一个观念体系,又是内在统一的。在这个观念体系中,世界观处于最深层次,是根本。人生观、价值观也好,思维方式也好,无一不受世界观的制约。

世界观制约着人们的人生观和价值观。世界观与人生观是整体与部分的关系。

整体离不开部分，部分也离不开整体，是受整体制约的。任何人生观都不能脱离一定的世界观而独立存在，它的形成和发展总是受一定的世界观的支配和制约，是世界观在人生观问题上的运用和表现。有什么样的世界观就可能有什么样的人生观。世界观与价值观也有着密切的联系。世界观是价值观的基础，价值观是世界观在考察价值问题上的运用和表现。一个人有什么样的世界观，就会有什么样的价值观。

思维方式也是受世界观制约的。世界观制约人们的认识论和方法论，也从根本上制约着人们的思维方式。

世界观之所以具有如此突出的地位和作用，就在于它是人们关于客观世界的根本看法，是人们关于包括自然、社会和人本身在内的客观世界存在与发展的一般规律和观点的总和。而哲学是关于世界观的学问，人们的思维活动要受到哲学的影响。正是由此，思想教育就成了根本。

另一方面，它是以理想信念教育为核心的。从本质上看，理想和信念就是人们的世界观、人生观和价值观在奋斗目标上的表现，是人们对未来的向往和追求。正确的理想和信念，虽然还不是现实，但它们不是幻想和空想，而是在现实中能找到根据的、有现实可能性的。以这样的理想信念来武装人们的头脑，就能帮助人们面对现实，正确认识和解决在思想认识、工作和生活中产生的各种问题，而不致迷失方向。因此，在思想建设中，理想信念教育居于核心地位，是造就"四有"新人的根本保证。

2. 政治教育是主导

在各种意识形态相互影响和相互作用中，政治思想和法律对其他意识形态的影响和作用为最大。表现为：一方面，政治意识形态处于灵魂地位。政治意识形态和经济基础的联系最紧密，它是经济基础最直接、最集中的思想表现。因此，它在社会意识形态中往往处于灵魂地位，成为社会经济制度和其他意识形态之间相互作用的中介。一般来说，其他意识形态都受到政治意识形态支配，为政治意识形态服务。

由于政治意识形态具有如此重要的地位和作用，因而历来受到马克思主义者的重视，中国共产党总是善于从政治上来思考和把握问题。在我国改革、开放和发展社会主义市场经济条件下，如果不从政治上来考虑问题，不同各种错误思想作斗争，社会主义意识形态的主导地位就不能巩固，我们就会犯历史性错误。因此，在整个社会主义现代化建设的过程中，都要通过政治教育而增强政治敏锐性和政治鉴别力，提高识别复杂局面和同错误思想进行斗争的能力，让马克思主义永远占领思想阵地。

另一方面，道德受着政治意识形态的支配。政治意识形态与道德是相互联系、相互作用的。而在这种联系和作用中，政治意识形态一般起着主导、支配作用。因为任何取得统治地位的阶级，总是利用它们在政治上的优势地位宣传并让人们接受它们的道德意识和道德规范。因而，道德也就具有鲜明的政治性。道德总是要受一定阶级的政治所支配并为其服务的。

3. 道德教育是重点

道德教育之所以是重点，这是由道德独有的特点所决定的。表现在：一方面，道德的广泛社会性。从时间上看，道德是贯穿于整个人类社会，与人类社会共存亡的。只要有人类社会，就会有道德。从空间上看，道德作用的范围是极其广泛的，它不仅存在于一切时代，而且渗透于社会生活的一切领域。无论是政治领域、经济领域、文化领域、科学领域，还是军事领域，道德都有表现，只要有人和人的关系存在，人们之间的各种联系都在不同程度上受道德的约束和调节。另一方面，道德的个人实践性。从道德的作用来看，它是以个人的实践为基础的。道德与法律不同，它是从个人与他人、个人与集体、个人与社会这个角度，去调整人们之间的利益关系的。离开个人的实践，道德的作用就无从发挥。从实践与认识的关系来看，若只具有一定的道德认识而不付诸实践，是培养不出人的道德习惯和道德品质的。只有在通过引导人们履行道德原则和道德规范的过程中，才能养成人们的道德习惯，锻炼人们的道德品质。道德教育的目的，就是通过个人实践，把道德原则和道德规范转化为人的内在品质。

4. 心理教育是基础

心理教育是培养学生具有良好的心理品质，如坚强的意志、丰富的情感、积极的情绪、良好的性格等。健康的心理是人们进行正常思维活动的基础。健康的心理状态和良好个性心理品质对学生形成优良的政治思想道德品质产生重要影响。在影响人的成就的诸多因素中，智力因素的作用充其量只占20%，而80%来自人的非智力因素，特别是心理、情绪因素的作用是非常大的。我国青少年缺乏吃苦耐劳精神，缺乏百折不挠、坚忍不拔的意志和刻苦磨炼、战胜困难的勇气。造成这些不良心理现象的原因主要是由于"左"的教育思想不讲科学和"应试教育"忽视德育造成的。由于不重视人的心理素质发展，这就极大地影响了学生的思想品德和心理素质的发展。针对目前我国的状况，我们必须更加重视心理教育。人的心理素质在素质教育中基础地位决定，当人的心理素质发展不好，其他素质也就难以发展到高水平。因此，加强心理教育是落实素质教育的需要。

（二）思想政治教育在素质教育中的作用

1. 思想政治教育在素质教育中起主导作用

实施素质教育就是全面贯彻党的教育方针，以提高国民素质为根本宗旨，以培养学生的创新精神和实践能力为重点，造就有理想、有道德、有文化、有纪律的德、智、体、美、劳全面发展的社会主义事业的建设者和接班人。其中的关键在于思想政治教育。在人才的素质构成中，思想政治素质是最重要的素质。它不仅包括道德品质和文明习惯，而且包括健康的心理、顽强的意志、艰苦奋斗的精神、适应社会的能力，尤其是正确的世界观、人生观和爱国主义、集体主义和社会主义的思想信念。

首先，思想政治教育对其他方面素质有不可忽视的促进作用。一个人的思想政治素质好，并不一定就会有较好的智力和能力，也不一定会有较好的身体素质，但当一个人具有好的思想政治素质时，他就会有为祖国和人民发奋图强的动力和精神，在刻苦学习、提高自己的创新精神和实践能力、强健体魄方面顽强拼搏，从而提高自己的综合素质。当然，思想政治素质对提高其他方面的素质所起到的只是促进作用，并不是决定作用。不是思想政治素质好，就一好百好，但较好的思想政治素质确实会成为人们提高智力素质、身体素质、审美素质等的精神动力。可以说，广大学生只有树立了正确的政治方向，有了崇高的理想、高尚的道德和顽强的意志，他们在提高智力、提高创新精神和实践能力、强健体魄方面才会有方向和力量，才能正确区分善恶美丑，提高审美能力和情趣，才能树立正确的劳动观点，积极投身社会实践。

其次，思想政治教育决定着素质教育目标的最终实现，即决定着受教育者最终能否成为合格的社会主义事业的建设者和接班人。思想政治素质决定着其他素质发挥作用的方向。一个人的智力、能力、身体素质等对这个人、对社会发挥什么性质的作用，产生什么性质的影响，是由这个人的思想政治素质决定的。思想政治素质好的人，他的其他方面的素质在发挥作用时会有益于社会，素质越好，贡献就越大；而思想政治素质不好的人，他的其他方面的素质可能会在特定的时候危害社会。如果把一个人的智力、能力、身体素质等方面的素质看作一个不计正负的绝对值的话，思想政治素质是决定它的最终价值的正负号。

2. 思想政治教育在素质教育中起动力作用

思想政治教育为大学生提高其综合素质，成为合格的社会主义建设者和接班人提供精神动力。马克思主义认为：内因是事物变化的根据，外因是事物变化的条件。大学生的成才既有内因，也有外因。外因固然重要，但个人的理想、品质、意志、毅力及才学胆识等内在因素更不可少。思想政治素质规定和影响着大学生的理想和抱负，并能增强他们实现其理想和抱负的意志、勇气和毅力。大学生的良好思想政治素养，是通过掌握马克思主义理论，通晓社会历史发展的规律，领会党的路线、方针、政策的实质达到的。大学生有了这种素修，就会坚定共产主义理想和信念，热爱社会主义祖国，刻苦学习，不怕困难，提高自己，自觉地把个人的命运同祖国的前途紧密相连，努力把自己塑造成一个德、智、体、美、劳全面发展的人，立志献身于共产主义伟大事业。

3. 思想政治教育对素质教育起保证作用

在素质教育中，思想政治教育不仅要占首位，而且要渗透到素质教育的整个系统中去，以保证素质教育落到实处。诚然，一个人的思想政治素质固然不能脱离智力业务素质，而人的智力业务素质同样不可能片面地、孤立地发展，两者相互作用，相互促进，共同提高。提高人的智力素质固然主要依靠文化科学技术知识的教育和学习，而思想政治教育也是智力开发的一个重要驱动因素。思想政治教育可以为提高人才的智力素质提供强大的精神动力；思想政治教育可以为锻炼科学的方法，提高人们的认识能力和实践能力提供有益指导；思想政治教育可以为培养职业道德，提高智力的社会效益发挥积极的作用。"德"为人才的培养作出质的规定性；"才"能依"德"的规定而设计和培养。"德"指导"才"的实施和落实；"才"在投入实践时，也必须以"德"的要求去执行和发挥。所以说，思想政治教育对于保证人才的社会主义方向，培育人才的新思想观念，全面开发人才智力和促进人才的全面发展有特殊的重要作用。

（三）思想政治教育在素质教育中的功能

1. 思想政治教育能促进人的个性发展

从素质教育所追求的目的和效益、性质、特征上看，素质是以文化素质为导向，以心理素质为中介，以健康为本体，以全面提高身心素质，发展人的个性为目标的教育。因此，素质教育极其重视对人的个性教育。个性是指人的个性倾向和个性心理特征。人的个性倾向包括动机、需要、兴趣、理想、信念、价值观、世界观等。它是人进行活动的基本动力，是决定人对现实态度和积极性的动力系统。个性心理特征则主要包括人的能力、兴趣、气质、性格等。个性结构中核心是需求和动机。思想政治教育的任务之一就是形成好的思想品德，它主要包括培养人的道德要求、道德动机、世界观、价值观等。这说明思想品德结构与人的个性结构是相同的。可见，思想品德就是个人个性心理品质结构的核心部分，即需要和动机。这就决定了思想政治教育在个性教育中居于核心地位，对个人个性发展起主导作用。首先，思想政治教育对个性发展起定向作用。因为思想政治教育影响人的世界观、道德观、价值观、理想、信念等，而这些正是个性的核心部分。思想政治教育通过对核心部分的影响，进而对整个个性发展起影响作用。其次，思想政治教育对个性发展起合理构建作用。人的个性发展是由各方面特质构成的统一体。某方面的特质有缺陷会影响个性的和谐发展，因此应当发扬个性中的优良因素，克服某些消极因素。正确的思想政治教育可以使人充分认识个性中的长处和短处,自觉扬长避短。由于思想政治教育对学生的个性发展起核心作用,所以我们要通过加强思想政治教育来促进学生个性健康发展。

2. 思想政治教育能促进个体社会化

实施素质教育就是培养适应21世纪现代化建设需要的高素质的人才。政治社会化,就是作为个体的人必须逐步确定和养成社会成员必须具备的政治知识、政治态度、政治情感、政治思想和行为。青少年学生个体政治社会化,是社会健康发展的需要。现在的大学生是社会主义现代化建设的接班人,要承担维护社会主义祖国政治制度和政治秩序的责任。他们如果没有经过社会化的过程就不能成为合格的"政治人"。思想政治教育就是要根据社会发展的要求,引导学生学习政治,学习先进思想,学习道德规范和法律知识,学习政治生活技能,提高政治鉴别力,增强政治敏锐性,取得政治生活资格,提高政治社会化程度,使其个体的行为符合社会发展的需求,促进社会健康发展。

3. 思想政治教育能促进创新精神的培养

把思想政治素质与创新精神有机统一起来,这正是全面推进素质教育的要求。应该看到,创新精神不仅是一种智力特征,更是一种人格特征,一种精神状态,一种综合素质。在培养创新精神方面,塑造思想政治道德素质的教育不是无事可做,而是大有可为。例如,创造的关键是思维,而关于思维方式的改进和思维能力增强问题,恰恰是思想教育所关注的问题。又如,智力因素和非智力因素对一个人的成才来说都是必要的,而在这两种因素中,非智力因素又往往起着主导作用。因此,在开发非智力因素、培养创新精神方面,政治教育和道德教育所开展的一系列教育,诸如做人的教育、奋斗精神教育、合作精神教育、诚信意识教育、人格教育等,也起主要作用。

4. 思想政治教育能促进人的全面发展

素质教育的实质是全面发展的教育,是党的教育方针的具体化。根据马克思列宁主义关于"德"在人的全面发展中起主导作用的教育理论,加强思想政治教育能引导学生全面发展的正确方向,促进学生全面发展的实现,这正符合素质教育的宗旨。事实证明,一个具有好的思想品德的学生,在正确思想指导下,往往能以充沛的精力和顽强的毅力,努力实现德、智、体、美、劳全面发展。一个不具备好的思想品德的学生,如果不加强思想政治教育,即使有较高的才能和健全的体魄,将来也不可能很好地为人民服务,甚至个别人可能走上歧途。社会主义社会要求学校培养出来的学生,不管他将来从事什么职业,首先必须具有社会主义觉悟和品德,愿意为国家和人民服务。一个品德不好的学生,他是不会取得全面和谐的发展的。因为人的全面和谐的发展,其中必有一种首要的主导因素在这里面起决定作用,这种首要的起决定作用的主导因素,就是思想道德。人是有思想、有意识、有精神的社会存在物，人的一切言论和行动都受到其思想的支配，而不是靠本能。所以对学生进行思想政治理论教育，必然对学生的身心发展产生决定性的影响。人才学研究表明，思想品德反映人的政治态度和价值取向，决定着人的服务方向和动力；"才"指的知识和才能，它反映了人为社会服务的能力和本领。在德与才的关系中，"德"调节"才"运用，决定着"才"的发展方向和发展水平及质量。因此，思想政治教育的功能在人的全面和谐发展中起决定性作用。

二、教育性质的内在要求

（一）思想政治教育突出了教育的社会主义性质

重视德育是高等教育坚持社会主义性质的本质体现，是社会主义大学与资本主义大学的本质区别。任何国家的大学，其高等教育都有两种职能：其一是传授科学文化知识和劳动技能，培养和提高劳动者的素质，为促进社会生产和经济发展服务；其二是传播统治阶级的思想和主张，培养和训练维护其阶级统治的人才，为巩固该阶级的统治服务。这两种职能是通过德育、智育、体育来实现，但智育、体育往往不具有阶级性，只有德育才体现了阶级性，才体现社会主义大学与资本主义大学的本质区别。我们强调的德育是以马克思主义为指导的思想、政治、道德、心理教育，它要解决的是人的世界观、人生观、政治观、道德观、价值观问题；是立场、观点、方法问题；是思想品德、作风意识、行为习惯、为人处事等对党、对国、对社会、对人民、对自己、对自然的准则和态度问题，培养的是"四有"新人。因此，思想政治教育突出教育的社会主义性质，就是坚持马克思主义在德育的指导地位，就是坚持党对高校的绝对领导，始终把德育放在首位，全面贯彻党的教育方针。

培养"社会主义建设者和接班人"，是我国教育培养目标的相互关系的两个方面，是又"红"又"专"辩证关系在教育要求上的集中反映。它一方面着眼于培养掌握专业知识和技能的"建设者"，另一方面又从培养"接班人"的高度，提出了思想政治道德方面的要求，突出了教育的社会主义性质。思想政治道德素质好比人的灵魂，是人的一切活动的主宰。在社会主义精神文明建设中，体现这种建设性质和方向的就是思想政治道德建设；而科学文化素质则好比人的双手和工具，是实现目的的手段。一个人有了良好的思想政治道德素质，又有了良好的科学文化素质，就能坚持正确的方向，为社会主义现代化建设作出贡献。

（二）思想政治教育是社会主义教育的本质体现

教育具有社会上层建筑的属性，社会主义教育的本质规定着其服务于社会主义的政治功能。思想政治教育正是实现这种政治功能的重要载体，决定着教育的目标，决定着培养什么样的人，从而决定着社会主义事业的兴衰成败。在当前复杂的国际国内形势下，正如邓小平同志所指出："中国的事情能不能办好，社会主义和改革、开放能不能坚持，经济能不能发展快一点，国家能不能长治久安，从一定意义上说，关键在人，尤其在人的思想政治素质。只有那些真正信仰马克思主义，有着爱国主义、集体主义、社会主义的坚定信念，有着正确的世界观、人生观和价值观的人，才能在任何情况下都站稳立场，勇往直前。"我们只有培养一大批这样的思想政治素质好、德才兼并的优秀人才，培养出一代代社会主义事业的建设者和接班人，才能把我们的国家建设成为富强、民主、文明、和谐、美丽的社会主义现代化强国。所以应当本着对社会主义事业高度负责的精神，提高青少年的思想政治素质，社会主义事业在中国的前景就决定于此。正是在这个意义上说，思想政治教育在各级各类学校都要摆在重要地位，任何时候都不能放松和削弱。

教育是一种复杂的社会现象，它承担着社会的经济功能、文化传承功能等，但它的政治功能是其本质所决定的，这一点我们从不讳言。事实上，虽然西方国家并不用思想政治教育这个概念，但他们的思想政治教育的政治功能有着明确的意识，在实践中对思想政治教育的重视程度不亚于我们。

价值观、道德观从来就不是抽象的，不同时代、不同国家、不同民族的价值观、道德观有着不同的具体内容，西方国家所进行的思想政治教育与我们的思想政治教育在内容上有着本质的区别。在国际上普遍重视思想政治教育的潮流中，我们必须更要加强化思想政治教育，因为思想文化阵地，马克思主义不去占领，封建主义、资本主义和其他腐朽的思想文化必然去占领。当今世界，西方国家在进行他们自己的思想政治教育的同时，从来就没有放弃对我国进行"西化""分化"的图谋，不断加紧意识形态方面的渗透，对此我们必须通过加强我们的思想政治教育作出有力的回应。

三、教育环境的客观要求

（一）重视思想政治教育是实施素质教育的要求

江泽民同志在党的十五大报告中强调："认真贯彻党的教育方针，重视受教育者素质的提高，培养德、智、体等全面发展的社会主义事业建设者和接班人。"这就是说，要贯彻党的教育方针，必须按照素质教育的要求加强各学科的建设，大力提高劳动者的素质。

当今社会，科学技术的迅猛发展和社会生活的迅速变化，对人的素质提出了更高的要求。未来的教育，不仅限于向学生传授知识，还要注重培养学生的创造能力和发展学生的个性品质。迅速发展的社会生活，要求人们具有不怕挫折、敢于竞争、自信、自强的个性品质，能够适应紧张的生活节奏和具有丰富、稳定的情感。社会越是发展，就越需要人的智能和个性全面和谐地发展。因此，实施素质教育将注重把智力因素和非智力因素、理性因素和情感因素紧密结合起来，以教学的完整性去培养学生的完整人格和素质。中国未来的教育，把人的素质全面提高作为教育的根本目标。理想、信念、世界观是学生个性心理结构中的核心部分，是个性的主要动力系统，是学生思想道德素质的主要内容。大学阶段是学生理想信念和世界观形成的关键时期，帮助学生构建正确的理想、坚定的信念和科学的世界观，构建学生良好的思想道德素质，是思想政治教育的根本任务。但是，当前我们对思想政治教育的重要性还没有被摆到应有的位置上，其功能还没有很好地发挥出来。因此，要从根本上摆正思想政治教育在素质教育的重要地位，更好地发挥思想政治教育在素质教育中的作用，才能使人们不仅在理论上，而且在实际上承认思想政治教育在素质教育中的重要地位。

（二）从社会对人才培养质量的需求上看，最看重的是一个人的思想政治素质

社会发展到今天，任何认真看待教育的人，都会肯定道德教育的重要性。如去除道德教育的因素，教育也就不成为教育了。因为，真正的教育，其目的在于培养道德高尚的人。诚如苏格拉底所说，道德的完善比技术和职业训练更为重要。大学生作为发展中的主体，他们健康高尚的道德品质的形成和良好的行为习惯的养成，既是社会对他们的期望和要求，也是他们自身健康成长和发展的重要方面。首先，从社会的角度来说，若只是培养了一个人的才智而没有培养他的德性，往往就等于是给社会造就了一个具有反社会倾向的人，这种人的创新能力越强，掌握科学技术越多，越先进，对社会的和谐与安宁的威胁就越大。人类社会发展的历史足以证明：科学技术一旦为非正义、非人道的力量所控制，便会对人类的生存造成危害。爱因斯坦在居里夫人追悼会上的悼词中指出："第一流的人物对于时代和历史进程的意义，在其道德品质方面，也许比单纯的才智成就方面还要大。即使是后者，它们取决于品德的程度，也远远超过通常所认为的那样。"其次，从个体的角度来讲，要实现一个人的生命价值，使其成为一个受欢迎和受尊重的人，就必须是一个"在道德上受过教育的人"，即必须有崇高的精神境界和良好的心理素质，尤其是要有正确的世界观、人生观和价值观。这就要求我们不仅要建立完备的文化知识传播体系，而且要把德育放在核心位置，在实施素质教育的过程中，既要培养学生的创新精神和实践能力，使其"学会做事"，又要重视对他们进行完整的道德教育，使其"学会做人"。

（三）从国际国内形势的变化上看，思想政治教育受到极大的冲击

当今世界，经济全球化趋势与世界政治格局变化之间产生着强烈的互动作用。世界政治格局中政治制度的单极化和多极度化的斗争将以新的形式表现出来。与此同时，经济全球化趋势也将使世界范围内的各种思想文化思潮的激荡、冲突愈加激烈。西方敌对势力利用人权、民主、宗教、民族等问题，对社会主义中国实施"西化""分化"也会日益加剧。世界经济政治格局的这些变化，必然在国内政治思想领域和一些社会矛盾中得到反映和表现，也必然会对我们的思想政治教育产生深刻的影响。

就国内而言，我国正处在改革的攻坚阶段和发展的关键时期，一方面，现代科技的迅速发展，由此引发了社会生产的巨大变化，在极大增加社会物质财富、扩展人们的生活空间、改变人们的生活质量的同时，也易于产生轻视精神力量、轻视政治方向的倾向。另一方面，随着社会主义市场经济的深入发展，我国的经济和社会生活也必然发生一系列复杂而深刻的变化。社会主义初级阶段一些"多样化"的社会存在形式，主要指经济成分和经济利益多样化、社会生活多样化、社会组织形式多样化和收入分配形式多样化、就业岗位和就业形式多样化等。这些也必然会形成和表现为相应的思想政治观念、价值观念和意识，给思想政治教育工作增加了难度。

此外，随着现代信息技术的高速发展，特别是因特网的日益普及，现代社会逐渐进入信息网络时代。网络化环境给高校思想政治教育提出了两个基本问题：一是网络的开放性从数量上严重冲击了学校教育在学生成长环境中的主导地位。数量巨大而且来源广泛的信息凭借网络直接到达学生身边，导致学生的注意力分散，有限的德育信息发挥作用的难度空前加大。在这种情况下，高校思想政治教育工作者在大学生思想成长空间中的主导地位受到严重的冲击。二是网络环境的不可控制性从信息质量上污染了思想政治教育环境。主要表现在：西方国家意识形态的渗透和价值观念的传播引发了青年学生人生观、价值观的冲突与失范；大量垃圾信息泛滥对学生的思想造成严重侵蚀；信息网络技术的滥用影响着学生的道德伦理。互联网上的隐蔽性使行为的自由度和灵活性显著增强，为青年学生放弃道德责任提供了可能。

这一切都使思想政治教育面临新的困境，都对思想政治教育提出了新的挑战。毋庸讳言，由于上述国际国内因素的影响，在少数大学生中出现了学业观、就业观、道德观、价值观、世界观的混乱和颠倒。因此，我们必须站在历史的高度，以战略的眼光来认识思想政治教育在素质教育中的地位和作用，以强烈的使命感和责任感做好思想政治教育工作。

（四）从推动我国走向可持续发展之路看，对道德素质提出更高的要求

人类为了自身生存和发展的需要，从自然界索取物质生活资料原本无可指责，但问题是，人的这种需要是无止境的，无限的需求与有限的资源、能源之间必然存在矛盾。在人类的生活尚处于受自然力摆布的时期，自然是作为统治人类的对立物而存在，人在这时对自然的恐惧和尊崇反映了人类生存能力的弱小，尚无力抵御自然灾害，自然则作为人类生存的最大祸患与人类对立而存在。现代科学技术的迅猛发展，改善了人在自然界的地位，使得在人与自然的关系中，人的主体地位日益显现，人类的一切活动都是为了实现其主体利益的满足，却忽视了处于主体地位利益的整体性，以及利益获得与生态环境保护之间不可分割的关系。如果说早期人类对自然的改造所产生的某种程度的破坏依靠自然本身的再生能力还能够补救而使其恢复原状的话，那么今天由于人类对资源、能源的过度开发而造成的破坏已远远超过自然本身的再生能力。假如人类不能及时觉悟、不能自制，最终将自身陷入资源、能源枯竭、生态环境严重恶化的绝境。可持续发展理论的提出，正是基于人类已经理性地意识到人的社会性存在与人的自然性存在是相互依存的内在统一关系。为了保证人类整体利益的实现，在理论上人们必须跳出过去那种单纯地从人类社会生活的角度来理解人类利益的局限，还要从人类自然生活的角度来理解人类的利益。为了实现可持续发展，就需要地球上每个国家、每个民族、每个集体、每个人都有一种为人类整体持续发展而约束自己的道德精神。在可持续发展的条件下，每个人不仅对现实社会、他人负有道德义务和责任，而且对自然、环境和我们的子孙后代都负有一定的道德义务和责任。像我国这样的发展中国家，尤其要强调这些道德义务和责任，要使人们明白：发展也包含着制约因素，包含着对当代人行为的约束和规范，倘若不能自我约束，毁灭便是我们最终的归宿。

（五）从激烈的国际竞争上看，价值观念是竞争的焦点

为适应激烈的国际竞争的要求，我们培养的人才必须首先是思想政治素质过硬的人才。21世纪是一个信息化时代，科学技术的突飞猛进，国际竞争日趋激烈，世界形势瞬息万变，作为第三媒体的网络向社会生活各方面的广泛渗透等，对人的素质提出一系列的新的挑战。最重要的挑战，不是经济的挑战，也不是科技的挑战、文化的挑战、产品的挑战，而是潜藏在文化、技术、产品、管理经验等背后的价值观的挑战。在科技、经济、文化、信息走向全球化的时代，如何使我们培养出来的人能够清醒地站在正确的立场上，坚持正确的指导思想，正确地评价信息的意义，洞察信息的内涵，捕捉信息的价值。善于在各种内容、形式的文化产品和信息资源中识别隐藏在其中的精华与糟粕,在各种文化的交融、汇合中保持正确的价值观,坚定自己的社会主义信念,把自己的才华毫不保留地贡献给社会主义祖国和人民,思想政治素质的高低起着关键性的作用。

江泽民同志《关于教育问题的谈话》列举的事实从反面告诫我们,学生的思想政治素质是最根本的素质,是学生健康成长和和谐发展的关键。忽视了理想、信念、道德、纪律、法律、意志、品质等思想政治素质的培养,一味通过加压、加负等手段追求成绩、名次、升学是错误的,片面的,也是违背教育规律的。没有健全人格的滋润和主宰,"才""智"等其他素质的潜能得不到合理开发、释放,甚至误入歧途。残酷的事实告诉我们,当前推进素质教育要切实把学生思想政治素质放在重要位置。要把以爱国主义、集体主义、社会主义教育为内容的思想政治教育搞得更加生动、扎实、有效,努力把学生培养成为有理想、有道德、有文化、有纪律的社会主义事业建设者和接班人。

针对我国教育领域长期以来重智育、轻德育,重知识传播、轻视素质培养等弊端,当前我们首先要切实采取措施加大思想政治教育的力度,真正把它作为素质教育的核心内容来抓。以加强和改进思想政治教育为突破口,不断深化教育改革,全面推进素质教育。要认真研究和探索在社会主义市场经济条件下,思想政治教育所面临的挑战、困境、问题和改革思路,不断探索和创新思想政治教育的内容、形式、方法、途径、手段与管理机制,使思想政治教育常教常新,不断跟上时代发展步伐。

(六)重视德育是国际教育发展的趋势

重视学校的德育,把学校的思想政治道德教育摆在重要的位置上,是当前各国教育发展的共同趋势。确立德育在素质教育中的核心地位是教育理念上的一次深刻变革,它将促使我们重新认识教育功能和价值,把教育的视野从智力领域扩展到非智力领域,致力于发现和开发蕴藏在学生身上的潜在的创造性品质。众多国际教育专家通过对20世纪经济、政治、文化和教育发展的回顾和检讨,以及对21世纪教育发展方向、培养目标和伦理要求的展望,认为在未来的21世纪应该把德育摆在全部教育的首位。进入20世纪以来,各国从科学技术和现代化生产中获得了巨大利益,所以使一些人产生了"科技至上"的思想。在学校教育中,理科被摆到了绝对重要的位置。重视理科,关注智力开发,这是当时世界上绝大多数发达国家发展教育时不约而同的选择。与此同时,思想道德教育近于荒芜,崇尚科技,使其自身的局限性日益暴露出来。例如,日本由于轻视对学生进行思想政治道德教育,引发出一系列的社会问题,如人际冲突、吸毒、赌博、淫乱、暴力行为、利己主义等大量充斥。最为严重的是,这些问题大多数出现在青少年身上。

再如，美国在一次抽样调查中发现，在127所中学中，竟有40%的人在使用麻醉品，早孕现象也很严重，十分令人担忧。道德危机成为当今世界面临的最大危机之一，引起各国政府和国际组织的普遍关注。日本和美国是当今世界经济发达国家，事实充分证明，经济的发展和物质的充裕并没有带来社会精神文明水平的同步提高。相反，由于道德滞后而引发的社会问题正成为影响社会经济发展的严重障碍。正因为如此，美日两国政府痛下决心，制定政策，加强对青少年一代的思想道德教育。1988年10月，美国副总统布什在他的教育战略设想中呼吁："把道德价值观培养和家庭参与重新纳入教育。"日本学者认为，日本教育之所以出现荒废现象，一个重要原因就是战后忽视了德育。于是，他们呼吁加强德育教育，强调德育应成为贯穿教改始终的显著特征。日本新教育大纲中特别强调德育的目标。新加坡政府更重视学校的思想政治教育，他们把道德教育列为学校正式科目，在中小学必修课中，德育科居于首要地位。韩国也非常注重加强学生的德育工作。第二次世界大战后，韩国几次大的教育改革都特别注重德育的改革，不断加强德育教育。总之，许多发达国家在品味了忽视德育带来的苦果之后，开始对本国的教育进行深刻的反思，并纷纷进行面向21世纪的教育改革，在这场跨世纪的教育改革中，各国无不重视德育的地位和价值。由此可见，重视德育正成为世界教育发展的趋势。我国的现代化建设与世界经济发达国家相比起步很晚、起点低，我们不能重蹈那些国家因轻视德育造成失误的覆辙，必须以高度的责任感，以战略的眼光，更加重视思想政治教育，增强其德育功能，让其在素质教育中发挥特殊作用。

第二节　素质教育的开展可增强思想政治工作的力度

中共中央、国务院颁布的《关于深化教育改革全面推进素质教育的决定》指出：实施素质教育，就是全面贯彻党的教育方针，就是要使受教育者在德、智、体、美等方面全面发展，这是素质教育必须遵循的思想。《关于深化教育改革全面推进素质教育的决定》还进一步指出：全面推进素质教育，要面向现代化，面向世界、面向未来，使受教育者坚持学习科学文化与加强思想修养的统一，坚持学习书本知识与投身社会实践的统一，坚持实现自身价值与服务祖国人民的统一，坚持树立远大理想与进行艰苦奋斗的统一。这就说明，全面推进素质教育必须以邓小平同志提出的"三个面向"和江泽民同志提出的"四个统一"的思想为指导，促进国民素质的提高和人的全面发展。

一、提高认识，全面正确地理解素质教育的思想

全面贯彻党的教育方针，正确处理德、智、体、美、劳之间的关系，坚持把德育放在首位，是正确认识和理解素质教育的核心和关键。我们党历来重视对青年学生的德育工作，历来强调要全面贯彻党的教育方针。毛泽东同志早就明确指出："我们应该把坚定正确的政治方向放在第一位。""学校一切工作都是为转变学生思想，政治教育是中心环节。""我们的教育方针应该使受教育者在德育、智育、体育几方面都得到发展，成为有社会主义觉悟的有文化的劳动者"。在新时期，邓小平同志重申毛泽东同志提出的这一教育方针，对把德育放在学校工作首位问题也作出过明确的回答。他在1978年召开的全国教育工作会议上指出："毫无疑问，学校应该永远把坚定正确的政治方向放在第一位。"他强调指出："我们的学校是为社会主义建设培养人才的地方，培养人才有没有质量标准呢？有的，这就是毛泽东同志说的，应该使受教育者在德育、智育、体育几方面得到全面发展，成为有社会主义觉悟的有文化的劳动者。"以江泽民同志为核心的党的第三代领导集体，对全面贯彻党的教育方针，坚持把德育放在首位问题也十分重视和关心。他在第三次全国教育工作会议上明确指出："我们必须全面贯彻党的教育方针，坚持教育为社会主义、为人民服务；坚持教育与社会实践相结合，以提高全民素质为根本宗旨，以培养学生的创新精神和实践能力为重点努力造就有理想、有道德、有文化、有纪律，德育、智育、体育、美育等全面发展的社会主义事业建设者和接班人。"他在《关于教育问题的谈话》中强调："正确引导和帮助青少年学生健康成长，使他们能够德、智、体、美全面发展，是一个关系我国教育发展方向的重大问题。"他在庆祝建国40周年大会上的讲话中也明确指出："各级各类学校不仅要建立完备的文化知识传授体系，而且要把德育放在首位，确立正确的政治方向。"党的三代领导人在我国社会主义建设的不同历史阶段分别提出、重申和强调党的教育方针，都对德育首位问题位作出了明确的回答，是有其深刻的现实针对性的，他们都是在对当时我国教育中出现的新问题和新情况作出科学判断的基础上，及时为我国教育事业指明了方向。为在全面推进素质教育过程中，正确处理德育、智育、体育等之间的关系，坚持把德育放在首位提出了明确的要求。

素质教育强调德智、体、美、劳等协调发展和全面提高。德、智、体、美、劳是素质教育的有机组成部分。这其中，德育是塑造人的灵魂的工程，在培养人才的诸育中，德育是统帅，是灵魂、是中坚，它解决的是目的、动力和为谁服务的问题，德育工作在大学生健康成长和学校工作中起导向、动力和保证作用；智育是全面发展的中心环节，它解决的是本领、能力和怎样服务的问题。所以就智育的基本任务来说，是向受教育者系统传授文化科学基础知识和基本技能，并在

此基础上发展他们的认识能力、思维能力和创造能力。素质教育重视创新精神和人才的培养，创新人才要有所成就，也必须具备良好的思想政治素质。那种认为强调创新，就可以忽视思想政治教育的认识是错误和有害的，与素质教育的思想是背道而驰的。应该说，在培养创新型人才过程中，科学技术业务的培养和思想政治素质的培养是一致的。忽视了学生思想政治素质的培养，学习将失去动力，人生将没有理想。如果仅仅满足于眼前的实惠，这种思想境界难于在学业上持之以恒和百折不挠，更难培养成创新型人才。

素质教育是一个系统工程，需要系统内部诸多因素的相互配合。思想政治教育是素质教育工程的攻坚工程，它在提升人的精神境界、挖掘人的诸种潜能、激活人的各种素质，促进人的身心和谐发展方面有着其他教育方式所不可替代的功能。但是无论如何，思想政治教育不能脱离素质教育系统的其他要素和环节，正像不能用智育代替德育一样，今天我们同样不能用德育去代替智育等其他方面。在全面推进素质教育的教育改革实践中，我们一方面要注意抓住思想政治教育这个灵魂，把它作为素质教育工程的重中之重来对待，真抓实干，注重实效。另一方面要自觉地把思想政治教育这个核心融入素质教育系统工程的各个环节、过程和要素之中，使它与素质教育系统的各个要素有机结合，融为一体，相互促进，协同运作，共同营造良好的育人环境，达到培养和造就人才，服务于社会的目的。

素质教育的根本目的和任务决定了其在注重知识传授的同时，更加注重对学生能力的培养和良好品格的塑造，更加注重学生德、智、体、美、劳各方面的协调发展和全面提高，更加强调教育的根本任务和目的是造就又红又专、德才兼备的"四有"新人。毫无疑问，德育是素质教育不可或缺的重要组成部分，重视德育是素质教育的内在要求。纵观世界各国的教育调整和改革，尽管存在社会制度、意识形态和民族文化的差异，但都普遍重视对青少年的思想道德教育。一个人，若没有良好的思想政治素质，势必影响着个人的综合素质的提高，制约个人的整体发展，也是与培养德、智、体、美、劳等全面发展的社会主义事业的建设者和接班人的目标要求相背驰的。因此，全面推进素质教育，必须明确我国教育的社会主义性质，认清和摆正德育在实施素质教育中的地位和作用，坚持正确的教育方向，认真贯彻党的教育方针，始终把培养"四有"新人作为教育工作的基本出发点和根本立足点。

培养什么样的人，怎样培养人是素质教育的根本任务。21世纪是知识经济时代，学习化、知识化的社会将逐步形成，作为知识承载者的人才在社会的各个领域发挥着日益重要的作用，高校承担着各类高级人才培养的重任。造就德智体美劳全面发展的、具有创新精神和实践能力的高级专门人才是高校的根本任务。在21世纪的中国，如何推进素质教育首先要弄清楚"培养什么样的人？为谁培养人？

怎样培养人?"的问题,它关系到大学素质教育的人才标准、教育方向和培养方式、方法、途径等一系列问题,这构成了在全面推进素质教育的基本环节。

关于培养什么样的人?大学培养的人才标准是由中国社会发展的现阶段历史任务所决定的。发展社会生产力,以经济建设为中心,坚持四项基本原则,坚持改革开放,是中国当代的主题。培养和造就"有理想、有道德、有文化、有纪律"的、德智体美劳全面发展的知识、能力、素质相协调的,具有创新精神和实践能力的各类高级专门人才,是历史赋予高校的重任。当前大学素质教育的人才标准应强调两个方面,一是全面发展,以德为先;一是突出创新,贵在能力。

关于为谁培养人?大学的教育方向是由中国国体和社会历史发展的趋势所决定。我们党领导下的无产阶级专政和我国长期处于社会主义初级阶段的基本国情,要求大学培养的人才要为无产阶级和广大人民群众服务,成为社会主义现代化事业的优秀建设者和可靠的接班人。这就要求大学素质教育要有明确的政治方向,把学生的思想政治道德素质放在首位,并以思想政治道德素质作为统领,促进其他各方面素质的教育。

关于怎样培养人?中共中央、国务院《关于深化教育改革全面推进素质教育的决定》指出:"全面推进素质教育,要面向现代化、面向世界、面向未来,使受教育者坚持学习科学文化与加强思想修养的统一,坚持学习书本知识和投身社会实践的统一,坚持实现自身价值和服务祖国人民的统一,坚持树立远大理想和进行艰苦奋斗的统一。"因此,大学的人才培养要体现"三个面向"和"四个统一"。特别在知识经济和技术创新的条件下,大学教育要将学习与运用相结合,将继承与创新相结合,将业务能力培养与综合素质提高相结合,扩大学生的知识视野,拓宽成才途径,全面实施素质教育。

二、构筑与素质教育相适应的思想政治教育内容体系

素质教育与应试教育是两种不同的教育模式,有不同的教育目的和目标,与之相适应,都有各自的思想政治教育内容。应试教育中的思想政治教育目的和目标侧重于适应考试和升学的需要,而素质教育中的思想政治教育的目的和目标是在实践中全面提高学生的思想政治素质,使全体学生在政治、思想、品质、心理方面得到健康发展。素质教育对思想政治教育提出了更高的要求,要求思想政治教育工作者要转变教育观念,进一步加强和改进学校思想政治教育工作,构筑与素质教育相适应的学校思想政治教育的内容体系。

（一）加强以理想信念为中心内容的思想教育

理想、信念是一个公民、一个政党、一个国家的精神支柱和动力源泉，是我们战胜艰难险阻，赢得胜利的强大精神支柱和动力源泉，是高校思想政治教育的核心内容。邓小平曾多次指出："四有"中我们强调的，是有理想。当代大学生作为社会主义事业的建设者和接班人，必须有崇高的理想和坚定的信念。在当代，青年学生要树立的理想，就是把我国建设成为富强、民主、文明、和谐、美丽的社会主义现代化强国，实现中华民族伟大复兴；要建立的信念，就是坚持党的基本理论和基本路线不动摇，坚定不移地走建设有中国特色社会主义的道路。因此，高校在全面推进素质教育中切实加强思想政治教育，其核心内容就是帮助大学生树立有中国特色社会主义的共同理想，坚定马克思主义的信仰，坚定对社会主义的信念，增强对改革开放和现代化建设的信心，增强对党和政府的信任。

（二）加强以马克思列宁主义、毛泽东思想特别是邓小平理论为主要内容的理论素质教育

马克思列宁主义、毛泽东思想和邓小平理论是被实践证明了的科学理论，是我们立党、立国之本。在新时期，强调大学生要学习和掌握马克思列宁主义、毛泽东思想，特别强调要自觉用邓小平理论武装头脑。党的十四大以来，江泽民反复强调，高校必须把加强马克思列宁主义、毛泽东思想特别是邓小平理论教育作为思想政治教育的根本，教育战线的同志们要坚持用马克思列宁主义、毛泽东和邓小平理论武装干部、党员和全体师生。高校要用科学的理论武装人，科学生动地宣传马克思列宁主义、毛泽东思想和邓小平理论，坚持用马克思主义占领高校的思想阵地，高校的思想政治教育必须同各种反马克思主义的思潮作坚决的斗争，防止和反对指导思想多元化，增强大学生识别和抵御各种错误思潮的能力。在当前，学习、宣传马克思主义的中心是学习、宣传邓小平理论，因为在当代中国，只有邓小平理论而没有别的理论能解决中国的前途和命运问题。因此，高校的思想政治教育必须以马克思列宁主义、毛泽东思想特别是邓小平理论作为根本。

（三）加强以爱国主义、社会主义和集体主义为基本线索的政治素质教育

爱国主义、社会主义和集体主义，是我们时代的主旋律。深化教育改革，全面推进素质教育，是21世纪我国教育事业的神圣使命。在全面推进素质教育中，江泽民同志强调指出："思想政治素质是最重要的素质，不断增强学生和群众的爱国主义、集体主义、社会主义思想，是素质教育的灵魂。"这就为素质教育指明了方向，同时构成了高校思想政治教育的灵魂。爱国主义、集体主义、社会主义教育的主要内容和相互关系是：首先，爱国主义是一个国家凝聚人民不断追求进步

的重要思想基础和强大精神动力,是动员和鼓舞人民团结奋斗的一面旗帜。在今天,我们讲爱国主义就是要爱社会主义,拥护中国共产党的领导。其次,进行爱国主义教育必须同社会主义和集体主义教育联系在一起。在当代中国,爱国主义与社会主义本质上是一致的,爱国必须爱社会主义;社会主义与集体主义在本质上也是一致的,集体主义是社会主义道德观的核心,是社会主义道德建设的原则。再次,加强爱国主义、社会主义、集体主义教育,必须同树立正确的世界观、人生观、价值观的教育有机结合起来,引导大学生树立崇高的理想和信念,正确处理国家、集体和个人三者的利益关系。最后,进行爱国主义、集体主义和社会主义教育,必须同加强对大学生的近现代史和国情教育结合起来,让大学生了解中国的历史与现实,从而自觉地为祖国的繁荣富强,为人民的幸福贡献毕生精力,实现人生价值。

(四)加强以社会主义法制和道德为基本内容的道德素质教育

法制和道德作为上层建筑的组成部分,都是维护社会秩序、规范人们思想和行动的重要手段,它们相互联系、相互补充,统一发挥作用。培养大学生有道德、守纪律是培养"四有"新人的重要内容。党的十五大明确把依法治国确定为党领导人民治理国家的基本方略,并把依法治国、建设社会主义法治国家作为政治体制改革的一项重要内容。针对少数大学法治观念淡薄、道德素质不高的情况,高校的思想政治教育特别要强调对青年大学生的法制教育和道德教育。搞好法治教育,提高法律意识,广泛开展助人为乐、无私奉献、崇尚科学、文明健康等社会主义道德教育,是加强社会主义精神文明建设所必须的,也是高校思想政治教育的重要内容。

(五)加强以中华民族优秀传统和艰苦奋斗为重要内容的民族精神教育

任何民族都有自己的传统。我们中华民族之所以能在世界上屹立五千年,就是因为我们有着优秀的民族传统和民族精神。江泽民在美国哈佛大学的演讲,高度概括了中华民族优秀传统,即团结一致的传统、独立自主的传统、爱好和平的传统、自强不息的传统。他强调,在新时期高校思想政治教育中,要对学生进行中华民族优秀传统教育,要让学生继承中华民族的优秀文化传统,了解祖国的悠久历史,特别是近百年来不屈不挠、抵御外辱的历史,提高民族自豪感和自信心。中华民族历来以勤劳节俭、艰苦奋斗著称于世,在建设有中国特色社会主义新的历史时期,同样需要艰苦奋斗的精神。江泽民告诫我们:"一个国家、一个民族,如果不提倡艰苦奋斗、勤俭建国,人们只想在前人创造的物质文明成果上坐享其成,贪图享乐,不图进取,那么,这样的国家,这样的民族,是毫无希望的,没有不走向衰落的。"因此,高校的思想政治教育要强调对大学生加强艰苦奋斗教育。

三、以思想政治教育与素质教育的双向互动，促进人的全面发展

（一）素质教育观念下的思想政治教育

在素质教育观念中，思想政治教育的地位在新的角度中得到体现。多年来，我们一直强调思想政治教育在教育中的重要地位，在素质教育中，思想政治教育的重要地位以新的角度得到强调和明确。这一点，江泽民同志在全国教育工作会议上的重要讲话中作了精辟的阐述："思想政治素质是最重要的素质。不断增强学生和群众的爱国主义、集体主义和社会主义思想是素质教育的灵魂。"素质教育体系的各方面既相互独立发挥自己的作用，影响人的发展；同时，它们又相互影响、相互作用、相互渗透。正因为相互独立，所以在人的成长和发展中，才表现出有强有弱的现象。从它们的相互影响和作用看，科学文化、身体心理、审美素质等是人才成长和发展素质的基础，创新能力是人才素质的外在表现，而思想政治素质则是人的素质的灵魂。一方面，思想政治素质决定一个人的政治方向和行为方式；另一方面，它又与科学文化、心身、创新、审美等素质密切联系，对它发挥主导作用。从对人的素质要求来讲，思想政治道德素质是一个人素质中最根本的部分，这一点也是为社会所广泛认同的。从近年来用人单位对大学毕业生的需求看，最看重的也是学生的思想政治道德素质。这说明，社会对人才的素质要求也切实体现出思想政治教育的重要性。这样，从素质教育的角度，思想政治教育的重要地位得到大家尤其是学生的理解和认同。

在素质教育中，思想政治教育的实施和学生的成才需要在新的基础上得到协调。长期以来高校思想政治教育的实施和学生成才内在需要之间的协调统一，落实起来似乎总存在着困难。不少学生也总觉得思想政治教育就是政治说教，是空洞和脱离实际的，不符合自身的发展需求，于是存在着"逆反"心理，这也正是制约高校增强思想政治教育工作实效性的主要因素之一。在素质教育观念下，学生综合素质的提高是教育的根本落脚点和出发点，素质的发展需要其主体的充分参与，因此学生在教育中不是被动的，而是主动的。在这种观念下，思想政治教育不能简单地等于思想政治工作，而首先是学校教育的一个有机组成部分。因此，思想政治教育的实施首先应按照教育的基本规律来安排，不是从思想政治教育工作者的主观愿望出发，而要适应学生综合素质尤其是思想政治道德素质提高的客观需要。思想政治教育围绕着学生素质提高来开展，学生在其内在成才愿望的推动下也产生了对思想政治教育的需求，这样思想政治教育的实施和学生的成才需要得到了有机协调。

在素质教育观念下，思想政治教育和科学文化教育在新的视野里得到统一。

许多思想政治教育工作者感到，目前我国教育中存在着一定程度的重智轻德或德智相分离的现象。甚至在一些高校发展为"两张皮"，从事科学文化教育的教师只负责传授专业知识，不愿过问学生的思想政治道德素质的培养，而把思想政治教育被认为是"两课"教师或学生工作部门的事。造成这种现象的一个重要原因是，传统的学校教育着重于知识的传授，思想政治教育也在一定程度上被错误地转化为思想政治道德知识的传授。而在知识层次上，思想政治教育和科学文化教育是容易分开的，这样也就容易造成两者分裂。而素质不等同于知识和能力，它作为人的一种基本品质结构，它具有更强的复合性，是德、智、体、美、劳各方面特性的某种综合体。素质教育所追求的目标是使人具有一个结构合理的、处在较高层次的综合体。素质教育的思想较好地把思想政治教育和科学文化教育统一起来了。在素质教育的观念下，科学文化教育从着重于提高学生的专业知识和能力，转变到使学生获得支持其知识和能力长期发展的素质结构。思想政治教育从着重于提高学生的思想认识和政治，态度转变到使学生获得支持其思想和品德持续完善的素质结构。从一个人的素质层次来说，思想政治教育和科学文化教育的最终目标是既互为补充又相互融洽的，不能绝对地机械地加以分离的。思想政治教育可以促进学生在科学文化教育方面的发展，科学文化教育也能促进学生在思想政治教育方面的进步，思想政治教育和科学文化教育共同作用于学生综合素质的提高。因此，素质教育大大地拓宽了思想政治教育的内涵，促进思想政治教育与科学文化教育的和谐统一。

在素质教育观念下，高校的思想政治教育面向社会发展需要和面向人的全面发展需要在新的高度上得到结合。素质教育强调受教育者的素质提高，而人的素质提高的方向和目标取决于社会发展的需要。社会是检验人才培养是否成功的最终标准。这样，素质教育观念把教育面向社会发展需要和面向人的全面发展需要有机结合起来。比如，在社会主义市场经济条件下，素质教育思想使我们积极思考我们培养的人才应具备什么素质，才能更好地适应社会主义市场经济发展的需求，而学生也在思考自己应该具备怎样的素质才能不被社会所淘汰。于是，公平竞争意识、效率意识、自主意识、创新意识、民主与法制观念、诚实守信的品格、敬业精神、开放精神等素质的培养在教与学的双方都得到重视，也为思想政治教育工作提供了广泛的空间。

（二）围绕素质教育，切实做好思想政治教育

思想政治教育要切实树立起素质教育观念。从总体上讲，高校教育的目标也是高校思想政治教育的目标，素质教育的目的也是思想政治教育的目的。在全面推行素质教育的新形势下，高校思想政治教育要主动适应素质教育的需要，一切

第八章　素质教育与思想政治工作的融合发展

围绕着提高学生的综合素质来进行。思想政治教育要与素质教育有机结合起来，在科学文化知识教育中贯穿思想政治教育。在思想政治教育之中，从教育内容到方式、方法、手段上注意进行素质教育，融素质教育于思想政治教育中。一方面从教育内容上注意培养学生的人文精神、科学精神、创新精神，加强大学生社会科学、人文素质教育和心理素质方面的教育；另一方面要善于发挥思想政治教育的优势，从世界观、人生观、价值观、理想信念和民族精神上激发大学生的积极性和创造性，并且要在教育方法上注意给学生以辩证思维的引导和启迪，发挥学生学习的主动性，使思想政治教育服务于高素质、创造性人才的培养，同时也是提高思想政治教育实效性的有效措施。

思想政治教育要将现成结论的传授转变为提高学生的思想政治道德判断力、选择力和创造力的培养，促进学生的个性发展。在社会转型期，中外文化的相互撞击，各种价值观的冲突比以往任何时候都来得激烈，社会的文化形态、伦理道德和价值取向也正由一元转向多元，社会生活变得越来越纷繁复杂，当代大学生面临各种各样的挑战和选择。同时，当代大学生的自主意识明显增强，个性发展要求十分强烈。这就要求思想政治教育工作者改变传统的学生观，尊重学生的独立人格，唤醒学生的主体意识，充分尊重学生个性发展的要求，最大限度地调动学生学习的积极性和主动性。为此思想政治教育要自觉地将学生置于教育过程的主体地位，让学生更多地参与教育，引导学生主动探索问题，寻找真理，反省自我，完善人格。这不仅充分体现了素质教育的宗旨，而且有助于思想政治教育的实施。更重要的是，只有经过学生自己的思考和探索得出的结论，才能真正转化为内心的信念和行动准则。思想政治教育不仅要传授真理，而且要引导学生主动去追求真理。

正确处理教书与育人的关系，始终坚持既教书又育人。教书育人，传道授业，是教师的两项基本职责，同时又是教师为社会应尽的义务。能否做到教书育人是衡量一个教师道德水准的重要标志之一，也是检验一个教师是否称职的重要标准之一。教师应当正确处理好教书与育人、传播知识与培养能力、人格塑造与专业培养等方面的关系，切实担负起教书育人的神圣职责。青年时期正处在身心全面发展的关键时期，可塑性大，模仿性强。教师是学生的表率，是学生心灵的开拓者和雕塑者，教师的思想、品德、行为、习惯，甚至一言一行、一举一动，都会对学生产生极大的影响。所以，教师一定要研究青年成长的规律，不仅要向学生传授文化科学知识，而且要帮助他们坚定正确的政治方向，养成科学的思想方法和良好的道德品质，教他们如何做人。教师要把言教和身教结合起来，努力提高自己的文化素质、教育能力、职业道德素养，要表里如一，言行一致，只有如此，思想政治教育才能收到良好的效果。

坚持教书育人还要强化各学科渗透思想政治教育的功能。在社会主义学校，教学的科学性和思想性是统一的。因此，在思想政治教育工作中，课堂教学是主渠道。在这方面，除了抓好"两课"之外，各学科应渗透思想政治教育，把思想教育与各学科教学紧密结合起来。实践证明，学科教学既能传授科学文化知识，又能开发学生潜能，并有利于学生形成良好的心理素质，提高学生的整体素质。所以各科教学都应把思想政治教育寓于知识教学之中。这样就要求教师努力钻研教材，充分备课，尽全力挖掘其中蕴藏的思想道德教育因素，用正确的观点分析教材，解决问题，有意识地进行爱国主义、集体主义、社会主义思想教育，引导学生自觉从学习中汲取思想营养。

（三）在素质教育中全面展开思想政治教育

人的素质各要素是相互促进、相互影响、相互作用的。在人的素质系统中，思想政治素质对素质其他要素的发展起到积极的促进作用。科学文化素质、专业素质和身体素质等反过来也对思想政治素质产生重要影响，下面就文化素质、科学素质的提高对思想道德素质的影响来作分析。

（1）文化素质有利于正确"三观"的形成、道德的提升和创新能力培养。文化素质的提高是通过文化教育来实现的。这里我们讲的文化教育是指人文教育，其主要是传授人文学科知识，使教育者获得认识自我世界、认识社会、处理人类自身内部关系的能力和审美能力的一种教育。人文教育重在通过掌握人文知识，获得处理人类自身内部关系的能力，以达到改造人的精神世界，如人生观、价值观、道德观、审美观，发展人的道德精神、审美能力、合作精神，并指导人们运用正确的价值准则去认识和改造物质世界，使之朝着合乎人道、合乎人类理想的目标迈进。人文教育是眼睛不容易看到的，具有体验性、教化性、评价性的特点。它重在对人的培养和塑造，有助于开阔眼界、开发智力和陶冶情操。人文教育具有两个作用，一个作用是道德素养的教育作用。美国的一项权威调查报告指出，人文教育告诉我们，如何设法对付生活中永恒不变的基本问题，那就是正义是什么，应该爱什么，应该保卫什么，什么是勇气，什么是高尚的，什么是卑鄙的。

科学承认世界，人文关怀世界，只有既承认世界又关怀世界，才能同世界和谐，也就是同他人、同集体、同社会、同自然界和谐。另一个是培养创新能力的作用，人文教育有利于形成优秀的思维品质。优秀的思维品质应当包括两个方面：一个是正确，另一个是具有原始创新能力。科学思维主要是严密的逻辑思维，这是正确思维的基础，但同人文有关的思维，主要是开放性的思维、直觉、顿悟、灵感，这是原始创新思维的主要源泉。世界上的事物尽管多种多样，丰富多彩，但都会有某些相通的道理，科学的创新要善于异中求同。接受知识需要理性，创新的灵感依赖于悟性，科学创新不是前人知识的逻辑推理和理性绎义，而是感悟式的灵犀一点通，人文教育能够培养人的感情能力和形象思维。总之，加强人文教育，需要从人的综合素质，从社会文化进步的高度，把知识传授与道德精神的熏陶结合起来，促进人追求自我完善，获得全面发展。思想道德素质是根本，人文素质是提高道德责任感的基础，可以说，人文素质是一切素质的基础。

（2）科学素质有利于人们解放思想、破除迷信，达到了对其善美追求的最高境界。科学素质是通过科学教育来实现的。科学教育是以科学知识（主要是自然科学知识）为主要内容，使人们掌握科学知识、方法和能力，受到科学精神的陶冶，并获得一定的社会生产能力，从而推动科学发展，促进社会物质财富和社会发展的教育活动。当代的科学教育内涵已从以往的纯科学教育演变为融科学与技术为一体的科技教育。科学技术作为人类的一种文化现象，具有多种价值。从工具和目的的维度来看，它既有工具价值也有目的价值。正如科学巨匠爱因斯坦所说："科学对于人类事物的影响有两种方式。第一种方式是大家熟悉的：科学直接地、并且在更大程度上间接地生产出完全改变了人类生活的工具。第二种方式是教育性质的——它作用于心灵。尽管草率看来，这种方式好像不太明显，但至少同第一种方式一样锐利。"科学中内含的人文价值、人文精神很丰富，我们认为主要体现在：首先，科学技术是人所创造的，它体现了人的本质，是人的本质力量的一种确证与展现。科学技术使人远离原始的自然状态，使人脱离愚昧和野蛮，使人走向更高的文明，使人更富有人性，从而科技的发展成为人类的解放与发展的重要尺度，它不仅成为改善人们生活和生产的重要工具和手段，更体现了人自身发展的目的。其次，科学能转换人们的思想观念。在人类发展史上，科学一直是最富革命性的力量，是一切社会变革的根源。科学的发展开阔了人们的眼界，解放了人们的思想，变革了人们的精神世界，在一定意义上甚至可以说科学决定了人们对世界的总的看法。这一点，在文艺复兴及其后的历史中表现得非常明显。"在随着文艺复兴开始的科学时期里，天文学与物理学的进步所引起的思想上的革命是最大的一次革命。当哥伯尼把地球从宇宙中心的高傲地位上推下来，牛顿把天体现象收服到日常习见的机械定律管制之下的时候，许多构成整个神意启示理论基础的默认假设，恰好也遭到破坏。这样，人们的观点就发生了彻底的改变。"在我国近代化过程中，西方近代自然科学逐渐传播到我国，提高了人们的科学素质，从而起到解放人的思想、破除封建迷信的作用。这正是科学所具有的变革传统文化思想观念的价值，20世纪的"赛先生"才成为文化思想领域革命的重要旗帜。最后，以求真为根本任务的理性精神体现了科学的精髓，科学的求真、求善、求美一起构成了人类的最高价值追求。科学所具有的终极价值意义，使科学活动具有把人导向人生最高境界的作用。通常，科学不仅以求真为使命，而且以臻善、达美为其最高意境。因此，求真的科学精神是整个人类文化精神的不可或缺的组成部分，它同道德精神、艺术精神等人文精神不仅在追求真善美的最高境界上是相通的，而且常常不可分割地融合在一起。科学教育使人们在处理人与自然的关系中，不断地改造了自身的思想，净化了自己的心灵，发展了知识、能力和智慧，解放了人性，体现了人的价值，增强了主体性，使人自身得到肯定，使人的本质力量得到确证，从而提高了人的思想道德素质。

参考文献

[1] 阮艳芳.高职院校落实立德树人根本任务的影响因素与有效途径[J].西部素质教育,2022,8(7):2-6.

[2] 利昕云.激发高校思想政治工作新活力的美育路径研究[J].佳木斯大学社会科学学报,2022,40(2):3-7.

[3] 廖辰炜.浅谈大学生思想政治教育与管理工作融合的路径研究[J].吉林教育,2022(2):1-3.

[4] 陈辉.大学生思想政治理论课"三位一体"教学模式构建研究[J].进展:教学与科研,2022(1):1-2.

[5] 牛晓东.立德树人视域下中等专业学校思想政治教育教学[J].学周刊,2022(22):1-3.

[6] 杜永鑫.浅析思政课堂对高职学生思想素质教育的影响探究[J].鄂州大学学报,2022,29(1):2-5.

[7] 张晓婷.网络文化背景下的高校思想政治工作分析[J].吉林教育,2022(2):1-3.

[8] 赵晓玲,许启芳."课程思政"视域下高职医学生人文素质教育研究[J].现代商贸工业,2022,43(14):1-4.

[9] 潘文武,李天增.加强在高等院校数学教学中素质教育的研究[J].进展:科学视界,2022(4):1-2.

[10] 陈洁.高职学生综合素质教育评价体系研究[J].湖北开放职业学院学报,2022,35(3):2-6.

[11] 刘瑞娟.新时期研究生核心信息素养能力体系构建研究[J].教育研究,2021,4(5):74-76.

[12] 刘炳全.新兴青年群体思想政治工作的地位,形势与路径探析——基于

共青团工作视角[J].思想政治教育研究,2021,37(3):1-5.

[13] 刘帅.习近平青年思想政治教育思想研究[J].佳木斯职业学院学报,2021(2):34-36.

[14] 张志强.社会主义核心价值观与高校思想政治教育创新研究[J].学周刊,2021(2):107-112.

[15] 冯密文.论当代美学教育的社会实践引向[J].教育研究,2021(2016-10):79-79.

[16] 李静茹.大学生暑期"三下乡"社会实践活动的探索与思考[J].教育研究,2021,4(2):125-126.

[17] 汪娜.高校思想政治理论课人文素质教育功能发问题研究[J].学周刊,2021(2014-1):87-90.

[18] 王树升.中职思想政治教育中人文素质教育研究[J].学周刊,2021(5):1-3.

[19] 雷辉旭,周丽华,赵伟丽.学校体育素质教育改革路径研究[J].青少年体育,2021(3):1-2.

[20] 吴素云.高职院校图书馆与大学生素质教育研究[J].湖北开放职业学院学报,2020,33(17):1-4.

[21] 李晶.人文素质教育与军校学员灵魂塑造[J].教育教学论坛,2020(33):1-3.

[22] 牛银凤."微时代"大学生思想政治教育中的人文关怀[J].文教资料,2020(5):2-5.

[23] 王国平.思想政治教育视域下大学生绿色素质教育研究[J].安徽科技学院学报,2020,34(2):3-8.

[24] 朱亮.素质教育背景下高校思想政治教育教学工作的探索[J].食品研究与开发,2020,41(18):1-2.

[25] 黄小娟.学生党建工作的构建思政教育和素质教育融合发展模式的方法探析[J].湖北开放职业学院学报,2020,33(15):1-4.

[26] 姚天金.新时代高校基层思想政治工作创新发展研究[J].教育观察,2020,9(26):2-6.

[27] 朱志强,杜春华,连静.文化强国战略背景下的体育院校学生人文素质教育研究[J].哈尔滨体育学院学报,2014,32(1):5.

[28] 胡敏兰,史玉民.高职院校大学生职业素质教育研究[J].滁州学院学报,2020,22(3):2-6.

[29] 李海霞,刘莹.基于案例分析的学生素质教育研究——评《素质教育的课

程论解读》[J].语文建设,2020(13):1-3.

[30] 华强.速写教学新观念[M].重庆:西南师范大学出版社,2015.

[31] 周远清,阎志坚.论素质教育思想[M].北京:高等教育出版社,2015.

[32] 杨克欣.高等学校素质教育的实践和探索:南开大学"公能"素质教育案例选编[M].北京:中国文史出版社,2015.

[33] 刘伟,丛小玲.大学生人文素质培养与实践[M].沈阳:东北大学出版社,2015.

[34] 董伟武.大学生思想政治教育教学探索[M].北京:光明日报出版社,2015.

[35] 刘想树.新媒体时代的大学生思想政治教育[M].北京:中国文史出版社,2015.

[36] 刘丽红.当代大学生思想政治教育工作探索[M].北京:中国文史出版社,2015.

[37] 王永德.基于留学生认知实验的汉字教学法研究[M].上海:复旦大学出版社,2015.

[38] 班文涛.文学篇章的语言文化教学法研究[M].北京:世界图书出版公司,2015.

[39] 宋敬敬.高校教学方法研究与改革实践[M].长春:吉林大学出版社,2015.

[40] 汪艳丽,晏宁,李斌.大学生心理素质训练[M].北京:高等教育出版社,2015.

[41] 王鑫强,张大均.青少年心理素质与心理健康关系模型研究[M].北京:科学出版社,2015.

[42] 王泗水,黄国波.大学生思想政治教育精细化典型案例赏析[M].北京:中国文史出版社,2015.

[43] 曹德欣,熊志忠,黄军利.如琢如磨:大学生思想政治教育理论与实践探索[M].北京:中国文史出版社,2015.

[44] 夏建华.传承与弘扬:新时期大学生社会主义核心价值观与思想政治教育创新[M].成都:西南财经大学出版社,2015.

[45] 沈壮海,王培刚,段立国.中国大学生思想政治教育发展报告[M].北京:北京师范大学出版社,2015.

[46] 屈晓婷.新媒体时空解码:大学生思想政治教育研究[M].北京:北京交通大学出版社,2015.

[47] 吕前.大学生网络思想政治教育机制研究[M].北京:马克思主义教学研

究部、社会科学学院,2015.

[48] 吴正宪,刘劲苓,刘克臣.小学数学教学基本概念解读[M].北京:教育科学出版社,2014.

[49] 韩锋.高效教学过程的优化策略[M].重庆:西南大学出版社,2014.

[50] 刘华.启发的艺术:基于认识论的启发教学研究[M].南京:南京师范大学出版社,2014.

[51] 白舍楞,唐根杰.当代大学生思想政治教育研究[M].大连:辽宁师范大学出版社,2014.

[52] 刘凤姣.大学生成长辅导与素质拓展[M].长沙:中南大学出版社,2014.